基于教学质量标准的新工科专业建设策略与评价体系研究

范国敏　著

中国矿业大学出版社
·徐州·

内容简介

本书以教育部发布的《普通高等学校本科专业类教学质量国家标准》为依据，对新工科专业建设展开研究和讨论，突出以学生为中心、突出产出导向、突出持续改进；对新工科"金课"建设质量评价体系展开研究，把常态监测与定期评估有机结合，及时评价、及时反馈、持续改进，推动新工科教育质量不断提升。本书包括五部分内容：基于国家标准的本科教学质量监控体系，基于国家标准的高校教学质量保障体系，基于国家标准的工科专业教学质量提升研究，新工科背景下专业建设研究，以及新工科背景下"金课"课堂评价。

图书在版编目(CIP)数据

基于教学质量标准的新工科专业建设策略与评价体系研究 / 范国敏著.—徐州：中国矿业大学出版社，2020.11
ISBN 978-7-5646-4581-6

Ⅰ.①基… Ⅱ.①范… Ⅲ.①高等学校—工科(教育)—学科建设—研究—中国 Ⅳ.①G649.2

中国版本图书馆 CIP 数据核字(2020)第 219197 号

书　　名 基于教学质量标准的新工科专业建设策略与评价体系研究
著　　者 范国敏
责任编辑 姜　华
出版发行 中国矿业大学出版社有限责任公司
(江苏省徐州市解放南路　邮编 221008)
营销热线 (0516)83884103　83885105
出版服务 (0516)83995789　83884920
网　　址 http://www.cumtp.com　**E-mail**:cumtpvip@cumtp.com
印　　刷 江苏凤凰数码印务有限公司
开　　本 787 mm×1092 mm　1/16　**印张** 9.5　**字数** 180 千字
版次印次 2020 年 11 月第 1 版　2020 年 11 月第 1 次印刷
定　　价 38.00 元
(图书出现印装质量问题，本社负责调换)

前　言

本书内容基于两个教学研究项目成果，一是华北科技学院高等教育研究规划类课题“基于教学质量国家标准的机械工程类专业提升改革研究”（项目编号 HKJYGH201805），二是 2019 年度河北省高等教育科学研究课题“新工科背景下‘金课’建设质量评价体系研究”（项目编号 GJXHZ2019-40）。著者根据这两个研究课题所取得的部分研究成果，并查阅大量的资料和文献，经过论证、分析和整理完成本专著。

本书共 5 章，主要论述以下内容：

第 1 章基于国家标准的本科教学质量监控体系。通过分析我国发布的首个高等教育教学质量国家标准，确定本科教育质量的地位。本科教学质量监管体系要注意以下事项：提升高校本科教育质量的影响因素分析，高校本科教育质量管理理念分析，高校本科生质量监控体系的设计等。

第 2 章基于国家标准的高校教学质量保障体系。通过对中外一流大学内部质量保障体系比较研究，得到中外一流大学质量保障体系对比的启示，提出完善大学教育质量保障体系运行机制的对策建议；充分发挥督导监督优势，提高教育质量监控运行效率；提高教育信息化建设，完善信息管理人员进修与引进机制；优化教师队伍建设，增强人才引进措施；完善反馈成效，优化质量改进机制；建立外部机构协助评估与诊断机制；完善教育课程结构体系建设。

第 3 章基于国家标准的工科专业教学质量提升研究。根据目前本科高校教学质量现状，对本科高校教学质量主要制约因素进行分析，提出提高教学质量的策略重点：工科类专业课堂教学质量提升策略，高校工科专业实践教学质量提升策略，“以学生为中心”的本科高校教学质量提升策略等。

第 4 章新工科背景下专业建设研究。从新工科背景下专业建设需求、大学专业建设的基本目标入手,研究新工科建设路线;通过国外高校工科专业改造升级案例分析,规划新工科背景下国内工科专业改造升级路径。

第 5 章新工科背景下“金课”课堂评价。确定新工科“金课”建设需要新的课堂评价方式,基于学习结果提升新工科课堂评价策略研究。

本书强调基于教学质量国家标准提升本科教学质量,重点对新工科专业建设策略与教学评价体系进行研究。

由于时间和水平所限,书中难免存在疏漏和差错,恳请读者不吝指正。

著　者

2020 年 7 月

目　　录

基于国家标准的本科教学质量监控体系

1.1 教学质量国家标准

在教学领域更新思想、转变观念，其目的就在于促进教学质量的提高。那么什么样的教学是高质量的教学？人们对此认识并不一致。这实质上是一个教学质量观的问题。教学质量观是教育思想观念的核心问题。我们要通过教育思想观念大讨论，树立起符合教育规律和时代要求的教学质量观。

（1）既要重视教的质量，更要重视学的质量

教学是师生共同参与的一种双边活动，教学过程是学生在教师的帮助、指导下获得发展的过程。教师在教学活动中发挥着“主导”作用，学生是教学活动的主体。教师的作用在于引导、指导学生主动地学习，主动地获取知识、发现知识，主动地得到发展。教是为了不教，教是为了学，教主要是要“教会学习”，这在教育中尤显重要。所以，评价教学质量在更大意义上应该看学的质量。当然，学的质量的提高离不开教的质量的提高，两者是紧密联系、不可分割的。

教的质量应该从两个方面去考察：一方面是教师能否按学科自身的规律对教学内容做有效的编排、整合，并以符合学生认知规律的方式呈现给学生，这是狭义的，也是传统意义上的教的质量；另一方面则是教师能否有效地指导学生主动学习，教给学生学习方法，教会学生学习，教会学生发现。这是信息时代教育教学更为迫切的任务。

学的质量应当包括：学生所获得的知识体系是否合理（结构、宽度、深度、时代适应性等）；学生获得知识的效率；学生智能的发展，尤其是学习能力、创新能力的提高；身心综合素质的发展。

传统的教育学是以教师为中心的，在研究教学时主要是研究教——而且是传统意义的教。在当今的高等教育中，重教轻学的情况仍然存在；师生关系基本上处于课堂见面、单向传输状态，教、学割裂分离，教师基本上只是承担知识呈现者、传授者的角色，指导学生学习、引导学生探索，教会学生学习、教会学生发现的作用很难发挥。这显然不是高质量的教学。要全面提高教学质量，必须把教的质量和学的质量紧密结合起来考察。

（2）既要重视知识传授的质量，更要重视能力和素质的全面提高

中华人民共和国成立后的社会主义教育学受苏联著名教育家凯洛夫教育学体系的影响，多把教学论与德育论等并列，教学被理解为智育的代名词。实际上，教学是教育的基本活动，是实现教育目的的最主要途径。教学不只是智育活动，而且是通过教学，要使学生在德、智、体、美诸方面得到发展。因此，教学改革是德育、智育、体育、美育诸方面的改革，教学质量是德育、智育、体育、美育诸方面的质量。这种认识在高校教师，尤其是专业教师中还是不足的。

从教育自身规律看，德育、智育、体育、美育有各自的特点和规律，但又是相互联系、相互渗透的。如专业课教学，就不只是智育，不只是知识的传授，也包含着许多德育、美育的内容，包含着许多真善美的道理和做人、做事的道理。通过专业课教学，不仅要实现智育目的，也要实现德育、美育的目的。学校对学生加强德育、美育和身心健康教育，不仅要增设和改革这些方面的课程，而且要在专业课教学中渗透这些方面的内容，达到这些方面的教育目的。这就是“教书”与“育人”的统一，是符合教育自身的客观规律的。因而，考察教学质量，无论是整个学校的教学、某个学科的教学，还是具体到一堂课的教学，都应当从全面的教育目的出发，把学生的综合素质的发展作为评价标准。评价一个教师的教学，也应当掌握“教书”和“育人”两方面的标准，只有既善为“经师”、更善为“人师”的教师才是真正的好教师。

传统教学模式的显著特点是“三中心”，这在当今教育中仍颇有市场。所谓三中心，除前文提到的“以教师为中心”外，还有“以书本为中心”“以课堂为中心”。“以书本为中心”——教师只讲书本、学生只学书本、考试只考书本，教学被单纯地理解为现有知识的传授；教学的智育目的，不仅是要使学生获得现成的知识，更要注重学生智能的发展，包括主动学习和获取知识的能力、发现和创新的能力的发展；知识的学习有利于智能的发展，但智能的良好发展有赖于教学过程中的有意识培养和训练，只注重现有知识的传

授，培养出来的很可能是“高分低能”“书呆子”式的、缺乏社会适应能力和创造能力的“人才”。因此，在考察教学质量时，必须改变过去那种只重视学生知识学习的价值取向，充分重视起学生的智能发展。“以课堂为中心”——教学过分偏重课堂讲授，“灌输式”“填鸭式”充斥课堂。实际上，教学的形式和方法是多种多样的，包括课堂教学（讲授法、讨论法、实验法），现场教学（参观、调查、实习），自学（阅读法、练习法），科研训练等。只重视课堂教学，只重视课堂教学中的讲授法，甚至只重视课堂讲授时的单向灌输法，这样的教学不可能是真正高质量的教学；教育目的的实现，教学目标的达到，学生知识、能力、素质的协调发展，要求必须注重多种教学形式和方法的运用。因此，考察教学质量不能只看课堂讲授的质量。

（3）既要重视结果质量，更要重视过程质量

教学质量应当最终落实到人才培养质量上，能够培养出高质量人才的教学，才是真正高质量的教学。但在分析和评价教学质量时，我们不仅要重视人才输出这一“结果质量”，更要重视教学实施每个环节的“过程质量”，只有这样才有利于教学质量的提高。

教学质量评价有两种不同的类型：总结性评价和形成性评价。所谓总结性评价，是指在教学过程结束后，对教学效果作出判断，其目的往往是区分优劣，作出关于评价对象的决策（如奖惩）的一种评价；所谓形成性评价，是通过诊断计划、方案中存在的问题，为正在进行的教学活动提供反馈信息，以促进教学质量提高的一种评价。越来越多的专家提倡更多地使用形成性评价方法来评价教学质量。

形成性评价实际上注重的就是过程质量。我们在考察教学质量时，应当对教学计划（教学计划的完整性、培养目标的合理性、课程体系的科学性、教学计划的执行情况等），课程建设（教学大纲、教材、教学资料、考核等），教学管理（领导投入、教学文件档案、教学督导制度、听课制度、教学评优活动等），师资队伍（学历结构、职称结构、梯队建设、进修情况等），教师课堂教学（教学态度、教学内容、教学方法、教学效果等），以及实验、实践等教学的各个环节的质量进行评价，及时发现不足之处并予以修正。有了过程质量的保证，才会有良好结果质量的输出。

（4）切实转变教学质量评价标准

随着时代的发展以及对教育教学客观规律认识的加深，我们评判教学

质量的标准必须更新。近年来，各学校的教学改革都取得了一定的成效，但在教学改革中也遇到多方面的阻力，其中一些阻力来自教学一线的教师，比如有的教师认为教改会导致教学质量下降等。究其认识根源，主要是教学质量评价标准问题。由此，摒弃只注重书本知识的旧的教学质量标准，树立适应时代需要的新的教学质量标准已是大势所趋。

1.1.1 本科教学质量的地位

高等教育肩负着“人才培养、科学研究和社会服务”三项基本职能或使命。其中人才培养是高校最基本、最核心的使命和任务。武汉大学校长刘经南院士曾说过，“本科教育是高水平研究型大学的立校之本，一流的研究型大学必须办出一流的本科教育。一流的本科教育是建设一流研究生院，培养高素质、具有探索精神、创新能力的硕士、博士人才的基础条件，必须坚持本科教育的中心地位”。纵观世界高等教育或研究型大学的发展轨迹，不难发现，几乎所有的知名大学都是靠本科教育扬名于世。大学承担着产出高水平的科研成果和培养高层次精英人才的任务，而本科人才培养是大学发展的关键和基础。关于本科教育的地位，包括以下几个方面：

其一，本科生是大学学生群体的重要组成部分。众多的本科生给大学带来了生机和活力，带来了多元的校园生活，更带来了巨额的教育资金。如果没有本科生和本科教育的存在，那么专注于学术活动的大学就无异于一家大型的研究所，而难以称之为大学；如果没有本科生和本科教育的存在，大学就失去了蓬勃向上的活力。

其二，本科教育是大学履行其现代大学使命的主要载体。现代大学担负着教学、科研和服务三项职能。大学的科研使命的完成是通过其学术研究和研究生培养来实现的，但基础人才培养必须通过本科教育来实现，而大学的服务社会的部分职能也要借由本科教育来实现。大学高质量的本科教育不仅奠定了学生今后发展的基础，也在学生家长和用人单位心目中建立和巩固了学校的品牌形象。

其三，大学本科人才质量关系到更高层次人才的培养质量和学校的“经济生活”水平。因为本科教学质量不仅关系到硕士、博士的生源质量，而且关系到整个社会的科技水平和生产力发展水平，关系到大学教育经费的主要来源和发展动力。

其四，本科人才是大学开展创新教育、培养创新人才、传承创新精神的基础力量。大学正是通过对本科人才实施创新精神和实践能力的培养，才推动了创新教育的发展，奠定了建设创新型大学的基础。大学实施的个性化教育使得毕业生具备了交流技能、独立思考习惯和批判精神，实施的整合教育使得毕业生有机会成为复合型人才，可以说，本科教育对我国人力资源开发以及人才培养都有着举足轻重的作用。

1.1.2 教学质量标准是连接质量理论与实践的桥梁和纽带

提高质量的前提是保证质量，而保证质量的前提是建立具有公信力的质量标准。教学质量标准在提高高等教育质量的实践中起到了导向、诊断、基准等作用，是连接高等教育质量理论与实践的桥梁和纽带。

一个国家高等教育质量的高低，需要根据教学质量标准来衡量，高等教育质量的基本要求，最终也要落实到教学质量标准的尺度上。教学质量标准是国家为评判高等教育质量而设置的基本底线，也是高校必须遵循的一般质量要求。作为根本性的教育规范，高等教学质量国家标准的水平，实际上反映了国家高等教育发展的水平。

高等教学质量标准的重要性毋庸置疑。当前，借用治理理论和利益相关者理论研究我国本科教学质量标准，不仅具有理论意义，也具有现实意义。首先，教学质量标准能为高等教育提供更加明确的发展方向。当前，迅速发展的高等教育存在的主要问题在于缺乏一套共同的发展目标与操作标准，尤其是缺乏学科专业层面的质量标准。其次，教学质量标准能避免教育服务质量的参差不齐。当前，高等教育市场已由卖方市场向买方市场转移，制定某些共同的质量标准，既适合社会的现实需要，也使不同的高等教育机构能够根据这样的标准提供教育服务。再次，教学质量标准能改进教育评价与诊断工作。教学质量标准的制定及应用能够为有效评价和诊断高等教育的内容、过程与质量提供参照系。最后，教学质量标准是政府治理高等教育质量的重要依据。近年来，我国高等教育管理改革的趋势是由集权向扩大分权发展。政府对高等教育的管理方式也逐步由计划、审批、控制等管制型管理向制定标准、按标准评估等服务型管理转变，但目前仍然存在着“越位”“失位”与“错位”等问题。借助治理理论、利益相关者理论，构建利益相关者共同治理模式，既有利于质量标准的科学制定与执行，更是实现政府治理高等教育质量、实现高等教育善治的一种有益尝试。

1.1.3 我国首个高等教育教学质量国家标准发布

2018年1月30日，教育部发布《普通高等学校本科专业类教学质量国家标准》(以下简称《标准》)，涵盖普通高校本科专业目录中全部92个本科专业类、587个专业，涉及全国高校5.6万多个专业点，这是我国发布的第一个高等教育教学质量国家标准。

"有了标准才能加强引导、加强监管、加强问责。"在2018年教育新春系列新闻发布会上，教育部高等教育司司长吴岩表示，质量为王、标准先行，颁布《标准》对建设中国特色、世界水平的高等教育质量标准体系具有重要的标志性意义。

《标准》涵盖了普通高校本科专业目录中全部92个本科专业类，尽管专业类之间各不相同，但《标准》内容基本一致，主要包括概述、适用专业范围、培养目标、培养规格、师资队伍、教育条件、质量保障体系、附录等8项内容。特别对各专业类师资队伍数量和结构、教师学科专业背景和水平、教师教学发展条件等提出定性和定量相结合的要求。同时，明确了各专业类的基本办学条件、基本信息资源、教学经费投入等要求。《标准》还列出了各专业类知识体系和核心课程体系建议。

吴岩表示，《标准》有三大特点：一是既有"规矩"又有"空间"，既对各专业类提出统一要求、保证基本质量，又为各校各专业人才培养特色发展留出足够的拓展空间，形象地说就是"保底不封顶"；二是既有"底线"又有"目标"，既对各专业类提出基本要求，兜底线、保合格，又对提升质量提出前瞻性要求；三是既有"定性"又有"定量"，既对各专业类提出定性要求，又包含必要的量化指标。

据吴岩介绍，《标准》在研制过程中紧紧围绕以下三大原则：

第一突出学生中心，注重激发学生的学习兴趣和潜能，创新形式、改革教法、强化实践，推动本科教学从"教得好"向"学得好"转变；

第二突出产出导向，主动对接经济社会发展需求，科学合理地设定人才培养目标，完善人才培养方案，优化课程设置，更新教学内容，切实提高人才培养的目标达成度、社会适应度、条件保障度、质保有效度和结果满意度；

第三突出持续改进，强调做好教学工作要建立学校质量保障体系，要把常态监测与定期评估有机结合，及时评价、及时反馈、持续改进，推动教学质量不断提升。

就《标准》制定后将如何推行，吴岩表示，首先要让教学指导委员会动起来，让高校用起来，把《标准》与“三个一流”建设紧密结合起来。

除了对高校的管理者、教师进行《标准》的解读和培训，使其真正理解《标准》的内涵外，能源动力类专业教学指导委员会主任委员、中国科学院院士何雅玲介绍，教学指导委员会还将尽快修订出台专业认证的指标体系，以《标准》为基准，制定人才评价标准，开展专业认证。

“一流本科、一流专业、一流人才”建设是2018年全国教育工作会议和教育部工作要点提出的重要任务。吴岩表示，下一步将依据《标准》做好“兜住底线、保障合格、追求卓越”三级专业认证工作，按照2018年教育部工作要点要求，公布“六卓越一拔尖”计划2.0版建设专业名单，同时对高校的专业办学质量和水平进行监测认证，适时公布“成绩单”。

吴岩将“六卓越一拔尖”计划2.0版形象地称为“高等教育人才培养的领跑计划”。该计划将有两大实招：一是推出1万个国家一流专业建设计划；二是推动鼓励各地建设1万个省级一流专业，建成“国家队”和“省级一流队”，带动中国高等教育实现内涵式发展，实现高等教育强国。

1.2 本科教学质量监管体系

1.2.1 本科生培养质量监管的注意事项

（1）需要明确各利益相关者对本科教学质量管理的理念与利益诉求

教学质量是高等教育的生命线，提高教学质量是学校各项工作的出发点和归宿。人才培养是高等学校的根本任务，提高教学质量是学校工作永恒的主题。大学本科教育阶段是高中教育阶段的延续，也是为社会输送合格人才的一个关键阶段，同时又是培养更高层次人才——研究生教育的基础。

高等教育作为我国科教领域的重要力量，在高端人才培养方面承担着不可取代的作用。自20世纪末开始，我国高等教育经历了连续几年较大规模的“扩招”，使我国的高等教育从“精英教育”转变为“大众教育”，尽管取得了令人瞩目的成就，但也出现了许多问题，其中引起社会普遍关注的问题之一，就是高等教育质量的下滑。在高等教育中，本科教学是基础，是培养高层次人才的必经阶段。“育人”是本科教学的根本任务，而“质量”是本科教学的生命线，只有把好质量关，才能较为圆满地实现育人的目标。

针对高等教育质量下滑这一问题，我国高等学校全面实施了“高等学校本科教学质量与教学改革工程”，这是继“国家示范性高等职业院校建设计划”之后，在高等教育领域实施的又一项重要工程。当前我国的高等教育，如果不从根本上保障质量，那么将产生严重的信用危机，并直接影响到高等教育的健康持久发展。而完善本科教学质量，首先需要建立相应的动力机制。本科教学质量尽管从表面上看是高等学校的事，但因为高校培养的人才关系到多方利益相关者，比如关系到学生的成长和成才，关系到学生家庭的幸福，关系到各用人单位的人才需求满足程度，关系到国家经济实力与科技实力的提升，关系到整个社会的和谐发展等多个方面，因此，本科教学质量的完善需要明确各利益相关主体的基本理念，这里的利益主体包括学生个人和家庭、各用人单位、高等学校自身、国家以及整个社会。

(2) 需要建立完备的本科生培养质量监控体系

人才培养质量是高等学校的生命线，提高教学质量是高等学校永恒的主题。因此，高等学校必须建立一套科学合理、行之有效的教学质量保障与监控体系。随着我国高等教育从“精英教育”转变为“大众教育”，虽然接受高等教育的人越来越多，但高等教育质量的下降导致高校培养出的人才质量也随之下降，成为高校遭社会诟病的一个普遍问题。出现这种局面的原因是多方面的，比如，随着高等教育规模的不断扩大，我国高等教育面临着许多新的矛盾和问题：一是高等教育财政性经费投入赶不上在学人数的急剧增加，出现了师资和实验设备短缺、办学经费投入相对不足的现象；二是高等学校的专业设置、培养目标、课程体系与社会需求相脱节，学科专业结构与社会需求不协调，部分专业的毕业生出现结构性过剩等；三是高等教育质量还不能完全适应经济社会发展的需求，教育观念落后，教学内容陈旧，教学方法单一，教师水平亟待提高，学生的人文精神、创造精神、创新能力、可持续发展能力以及国际视野亟待加强。在高等教育大众化背景下，如何构建与21世纪高等教育人才培养目标相适应的、以培养高素质创新型人才为突出特征的教学质量保障与监控体系，确保教学秩序的稳定和教学质量的稳步提高，已成为众多国内外高校普遍关注的重要问题。教育部《关于进一步加强高等学校本科教学工作的若干意见》中明确提出，加强对高等学校教学工作评估，完善教学质量保障体系，高等学校要努力探索和建立本校教学质量保证与监控机制。而系统、完善的本科教学质量监控体系应该包括本科教学需求信息的跟踪与分析、本科教学质量标准的管理机制、本科教学质量状况的测评与分析、本科教学计划的管理机制、与本科教学质量相应的师资培训与管理、教学质量协调管理机制以及教学环境保障机制。

(3) 需要确定明确的本科生质量评估与缺陷分析方法

目前我国高等学校内部需要建立并确定一套明确的本科生质量评估与缺陷分析方法。国内做得较多的是全国各高校的综合排名以及由教育部主持的教学评估，除此之外，高校内部主要是由教务部门和各个二级单位的教学管理部门主持并实施的对各门课程主讲教师的教学效果评价，但是缺少全面的针对整个学校的保证本科生培养质量的内部分析与评价机制，更缺少基于社会需求的教学质量评价指标以及相应的评价。基于社会需求的教学质量评估能够在更高的层面上促进高校教学质量的逐步提高，有利于满足国家、社会对本科人才的需求，提高高校在社会上的地位，促进本科生成长成才。因此，有必要建立高校内部的本科生教学质量评价机制，其意义在于判断高校现在的发展水平，找出学校教学管理中的薄弱环节，从而对未来的本科生质量保障体系进行优化与改进设计。

1.2.2 高校本科教学质量的影响因素分析

1.2.2.1 提升高校本科教学质量的需求分析

(1) 国家需求分析

我国要实施建设创新型国家战略，最重要的是提高全体国民的创新能力与素质，而大学毕业生作为一支重要的人才力量，是建设国家和发展经济的生力军。然而，目前我国高等教育在大学本科阶段还是以基础教育为主，强调的是对现有知识的理解、把握和使用。在实施建设创新型国家战略过程中，需要大量的具有创造能力的大学毕业生。这里所说的创造能力不是在学校通过试卷测试出来的能力，而是能够提高国家政治、经济、文化等层次和水平的能力，是在各个领域创造高效产品或开创新产业的能力，是能够通过社会实践检验的能力；也可以说，具有创造能力的大学毕业生在国家建设中将发挥越来越大的作用，同时也能够很好地实现其人生价值。

建设创新型国家战略对我国高等学校本科教育的要求并不是仅教授现成的知识，而是培育本科生的创新素养，提高本科生的创新能力，具体而言包括：培养和造就大批基础扎实、专业面宽、具有创新意识和创新能力的创新型人才；培养大学生强烈的责任感和明智的决断力，增强大学生有效履行公民责任的意识；培养大学生的创业技能和创业精神，尤其是创业精神的培养对提高大学生的综合素质具有重要的作用。

（2）社会与企业的需求分析

从社会的角度来说，无论是哪个行业或组织，决定其发展的都是持续的创新和创造力，这就要求各个行业或组织拥有具有创新精神和创新能力的人力资源队伍，而稳定、持续的创新型人力资源保障最终反映到高等学校培养出的大学毕业生上。也就是社会上各个行业或组织真正的人力资源保障取决于高等学校是否培养出有创新精神和创新能力的大学生。因此，从社会角度来说，对高等学校本科教育的需求包括：

① 培养具有深厚的人文底蕴与科学素养的人才；

② 培养既具有发散思维又能够适应企业发展和引领企业发展的人才；

③ 培养具有时代精神并勇于承担社会责任和担当的创业型人才。

（3）个人与家庭需求分析

在我国，能够进入大学读书是需要家庭和个人的大量投入的，这些投入要以预期的回报效益作为决策目标，而大学生毕业后无所事事是绝对不可能达到预期目标的。从个人与家庭的层面来说，对高等学校本科教育的需求包括：

① 能够帮助大学生树立正确的人生观、价值观；

② 能够辅助大学生形成基本的公民素养与道德水准；

③ 能够帮助大学生形成完美的人格与完善的品格；

④ 能够培养大学生基本的人文、科学和技术素养；

⑤ 能够适应社会环境，具有能够引领社会进步的潜质。

（4）需求的结构分析

中国大学的本科教育已经进入大众化阶段，相应的，本科教育应该具有大众化的作用和特点。首先，大众化的本科教育，应该能满足个人接受本科教育的需求，也就是说，只要个人有意愿，并具有基本的条件，就可以接受本科教育；其次，大众化的本科教育应该能够涉及各个领域的基本知识和基本技能的传授；最后，大众化的本科教育应该能够满足现实社会对本科层次人才的需求。同时，大众化的本科教育应该具有如下特点：第一，本科教育资源将出现冗余现象，知识和技能是高等学校产品的理念将被广泛接受；第二，本科教育应该具有较明显的市场特征，逐渐形成“教育超市”，人们可以依据自己的需要，到“教育超市”中选购产品——知识和技能；第三，本科教育内容与教育方式将以适应市场需求为主。

我国提出建设创新型国家战略不仅仅是因为参与世界竞争的需要，也是因为通过多年的改革开放，中国的经济已经有能力支持中华民族的全面振兴。创新型国家的创造性活动并不局限在某几个强势领域，而是在很多不限定的各个方面；也就是说，国家在方方面面都需要大量的高层次创新型人才，同时对高层次创新型人才的需求结构也发生了明显的变化，因此，对高等教育的专业结构的要求是能够适应不确定的创新需求。

然而，中国的高等教育一直受到计划经济思想的影响，本科教育的大众化仅仅是数量上的，真正意义上的大众化本科教育的作用和特点并没有明显地表现出来，尤其是统一安排专业设置和招生计划，造成了人才需求结构与实际培养结构的严重偏差。由于人才资源具有边际效益递减的特点，人才拥挤的本科专业难免出现“教育过度”的现象。因此，中国高校本科教育结构的适应性调整也是提高我国本科教育质量的重要途径之一。

1.2.2.2 提升高校本科教学质量的影响因素分析

（1）本科教学的目标

卡诺奇曾说，如果对大学的目标缺乏足够的认识，我们就无法知道实践中高等教育的质量如何，甚至无法知道所谓高等教育的质量的内涵是什么。目前，不同学者对本科教育目标给出了不同的见解，但最终都聚焦于智力发展和能力形成方面。

① 作为“社会人”的能力

教育的本质是培养人的活动，而大学本科教育阶段的智力培养目标是毫无争议的。随着高等教育走出“象牙塔”，当今的大学本科教育更愿意将学生的未来放在社会中以确定大学教育的目标以及目标下的具体操作。而表达能力、批判性思维能力、道德推理能力成为本科教育培养学生众多能力中的精华和典型代表。这些能力将使学生在走入社会后获益终生。

② 作为“世界人”的意识

学生是国家的公民，也是世界的公民。作为国家的公民，需要履行责任。大学本科教育以公民意识的培养作为一项很重要且很有必要的目标，培养大学生强烈的责任感和明智的决断力，以便能够更加行之有效地履行公民的责任，不仅对自己、家庭负有责任，对国家、社会也要勇于担当。当然，在全球化的浪潮下，学生也需要意识到自己属于整个世界。

③ 作为“职业人”的素养

高等教育是基于个人在社会中生活的角度，按照社会分工，为大学生从事某种职业或专业做好准备的基本知识传授和技能培养活动。大学本科教育越来越多地承担起为大学生从事职业或专业做准备的培养任务，大学生对职业生涯和人生规划的关注，也符合当今大学本科教育发展的现实需要。由此认为，大学本科教育应塑造大学生科学的思维方式、开阔的视野、扎实的学识，同时具有正确对待环境变化的态度和较强的应变能力。

然而，具体到不同的专业和高校，其所把握的本科生质量标准有所不同，由此产生了相同专业不同学校间的差异。从教育主管部门的角度，应该确定统一的质量标准，也应该采取相关措施对各高校的培养质量进行公开、公正的监督和管理。

（2）影响本科教学质量的因素

实际上，我国的教育管理部门对本科教育早已制定了统一的质量标准。本科教育质量标准的统一性主要体现为所有高校本科教育质量要求具有基本的一致性。《中华人民共和国高等教育法》（以下简称《高等教育法》）规定的本科教育的学业标准和《中华人民共和国学位条例》规定的学士学位授予标准是确定我国本科教育一般质量标准的基本依据。《高等教育法》规定：“本科教育应当使学生比较系统地掌握本学科、专业必需的基础理论、基本知识，掌握本专业必要的基本技能、方法和相关知识，具有从事本专业实际工作和研究工作的初步能力”。这就是所有本科教育统一的质量标准和要求。此外，《中华人民共和国学位条例》对高校本科毕业生的统一要求是：

“较好地掌握本门学科的基础理论、专门知识和基本技能;具有从事科学研究工作或担负专门技术工作的初步能力”。这可以看作是所有本科毕业生应当达到的质量标准。综合来说,影响本科教育质量的因素包括如下几个方面。

① 国家的教育导向以及社会的传统观念

高等教育作为教育系统的一部分,必然受到国家教育导向的深刻影响。国家的每一个发展时期或阶段都按照相应的发展要求对高等教育以及高等教育的质量提出相应的要求,并制定一定的政策加以引导,因此国家的教育导向成为决定并影响本科教学质量的首要因素。比如,我国在1977年开始恢复高考时,国家的高等教育导向是高等教育精英化模式,因此,高考呈现千军万马过独木桥的状态,能接受正规本科教育是社会上极少数家庭或个人的事情。但随着改革开放的深入以及国家大力发展科学技术,我国的高等教育由精英化教育转变为大众化教育,在这种导向下,国家采取多种形式扩大高等教育规模,包括增加各个高校的招生规模和允许民办高校培养本科生等,为更多的人接受高等教育创造机会。由此,上大学接受高等教育已经不是极少数人的梦想,越来越多的学子享受到了高等教育的待遇。

然而,我国高等教育的大众化主要体现在规模上,也就是毛入学率上,在专业设置和专业招生指标方面依然由国家教育管理部门比较严格地掌控,也就是说,国家教育管理部门的计划和决策几乎完全决定了教育市场。中国高等教育活动对市场需求的反应迟钝以及高等教育人才培养结构与社会需求的刚性矛盾突出,这些问题与国家层面的管理体制有必然的联系。

② 高等学校的教育体制

高等学校自身的教育体制是影响高校本科教育的另一关键因素。自从我国从国家层面提出发展科技、建设创新型国家的战略构想之后,国家大力鼓励高等学校以及科研院所发展科技、提高科研质量,绝大部分高等学校明确提出要建设研究型大学的口号与目标,由此带来的一个重要导向是:高等学校对教师的激励由过去重视教学转变为重视科研,对获取科研课题、专利或发表学术论文的教师实施高强度的激励,但对教学效果良好或普遍受学生欢迎的教师却没有相应的激励措施。这种激进的导向带来的一个结果就是年轻教师普遍走追求科研成果的道路,而年龄大、缺乏创新能力与精力的教师既不重视科研也不重视教学。总之,无论哪一层面的教师都普遍缺少对教学效果的关注，这一局面实际上是在既定的政策导向下人的趋利避害的本性造成的。部分高校教师在这样的工作动力之下从事教学活动的教学效果可想而知，而接受高等教育的大学生的创新能力与创新素养可想而知，一届一届的大学生毕业之后走上社会，带来的影响可想而知，当然，建设创新型国家的战略构想能否实现也可想而知。因此，高校重视科研而忽视教学，尤其是忽视本科生教学将会对未来带来怎样根本性的损害是难以想象的。另外，我国目前的高校招生方式导致了大学前应试教育的必然性，成为素质教育难以真正展开的主要根源。实际上，不同的学校和专业应该对学生的知识和能力基础有不同的要求，而学生也应该有自己的爱好。但目前所有的高校采用同样的质量标准、同样的评价体系招生，教育方式与模式千篇一律，不同学科、不同专业培养出来的大学生基本一样，而且缺乏基本的社会适应能力。

③ 高等学校的教学质量保障措施

高等学校内部的教学质量保障措施是影响高校本科教育质量的又一关键因素，具体包括：第一，高校对人才需求信息的跟踪与分析。高校只有及时跟踪国际、国内对人才需求的准确信息，才能有的放矢地作出相应的教学安排，才能保证教师传授给学生的是社会所需要的知识。第二，高校教学质量标准的管理机制。比如目前我国的高等教育质量管理机制是以政府为主导的采用教学评估形式实施掌控，因此，各高校教学质量只要满足政府的评估标准即可认为达到了教学质量标准。但实际上政府与市场有着本质的区别，政府的政策标准与市场对人才的需求有着本质的区别，以政府为中心的高等教学质量评估方式使得高校只能被动应付政府的教学评估，而缺乏对市场需求的了解，无法建立根据市场需求保障教学质量的管理机制。第三，高校教学质量状况的测评与分析。高等学校内部如何保证教学质量，通过什么样的方式和手段实现一定的质量目标，是各高校面临的问题，多数学校都通过教学督导或者学生给任课教师打分的形式来保证教学质量，但是从实际情况看，还是形式大于效果。

④ 学生的学习动力是高校教学质量的决定性因素

由于高校教学质量最终要从受教育者的言行中体现出来，因此，影响高校教学质量的决定性因素是学生学习的主观能动性。学校的教育不可能像企业生产产品那样，想如何加工便如何加工，学生是有思想的，并且教育越成功，学生就越有思想，学校的教育内容、教育方式必须得到学生的积极配合才能取得好的效果。而让学生积极配合的前提不仅仅是教育内容的科学性和教育方式的适宜性，还必须是学生内心愿意接受的。也就是说，保证高校教学质量的关键条件应该是高校所传授的知识是学生愿意接受的，而传授方式的可接受性主要对高校教学效率具有保障作用。

1.2.2.3　高校教与学的辩证统一

中华民族历来尊师重教，认为教师的职责就是传道、授业、解惑。然而，随着人类科学技术的发展，知识的积累越来越多，形成了较多的学科门类，即便是人们愿意学习并且其大脑也具有足够的空间，但由于生命的有限性和学习效率的限制，也无法把所有的知识融入脑海中。随着人们思想的不断解放，所接触的事物越来越复杂丰富，并常常伴有自己的思考。如高校学生能比老师还精通网络技术，能掌握更多的信息，在这种情况下，依然让教师履行“传道、授业、解惑”的职责确实是勉为其难了。

由此，中国大学在发展中应该调整高校教师“传道、授业、解惑”的职责，加强对学生见解的尊重、对学生选择权的尊重。这样既可以减轻高校教师的心理负担，能够让他们更坦诚地面对学生们提出的问题；又可以调动大学生的主观能动性，能够让他们积极地探索所遇到的问题，并主动和教师交流和沟通。在师生们的交流和沟通过程中，无论是教师还是大学生都会有所收获，从而形成教学相长、师生受益的局面，这种教与学相互促进、共同进步关系的形成才是大学教育的真正成功。

当然，高校调整教师“传道、授业、解惑”的职责并不等于不尊师重教，也不应该是降低高校教师在高等教育中的地位，而是对高校教师提出了更高的要求，让他们能够靠自己的真才实学赢得更多学生的敬重。同时对大学生提出了更高的期望，期望他们树立远大的人生目标，既要扬弃地学习，更要通过对新问题的不懈探索及与教师的交流和沟通，塑造自己创新的能力、坚韧的毅力和贡献社会的高尚品格。毫无疑问，这些局面的形成必须以完善中国高等教育的理念为前提。

1.2.3　高校本科教学质量的管理理念分析

1.2.3.1　国家层面的高等教学理念分析

高等教育关系到国家人才素质，影响到国家的综合实力，任何一个国家的政府都应该予以高度重视。中国是一个具有尊师重教传统的国度，非常重视国民教育。高等教育必须为国民经济建设服务，必须与社会的生产实践相结合，这是中国高等教育指导方针中明确指出的。而在国民经济建设的不同时期，国家有不同的战略部署，在实施创新型国家战略的过程中，国家自然要求高等学校要注重培养大学生的创新能力。

建设世界一流大学和一流学科（简称“双一流”），是中共中央、国务院作出的重大战略决策，也是中国高等教育领域继“211 工程”“985 工程”之后的又一国家战略，有利于提升中国高等教育综合实力和国际竞争力，为实现“两个一百年”奋斗目标和实现中华民族伟大复兴的中国梦提供有力支持。

2017 年 1 月，经国务院批准同意，教育部、财政部、国家发展和改革委员会印发《统筹推进世界一流大学和一流学科建设实施办法（暂行）》；9 月 21 日，教育部、财政部、国家发展和改革委员会联合发布《关于公布世界一流大学和世界一流学科建设高校及建设学科名单的通知》，正式公布世界一流大学和一流学科建设高校及建设学科名单，首批“双一流”建设高校共计 137 所，其中一流大学建设高校 42 所（A 类 36 所，B 类 6 所），世界一流学科建设高校 95 所；双一流建设学科共计 465 个（其中自定学科 44 个）。

国家的总体目标是：到 2020 年，若干所大学和一批学科进入世界一流行列，若干学科进入世界一流学科前列；到 2030 年，更多的大学和学科进入世界一流行列，若干所大学进入世界一流大学前列，一批学科进入世界一流学科前列，高等教育整体实力显著提升；到 21 世纪中叶，一流大学和一流学科的数量和实力进入世界前列，基本建成高等教育强国。

教育在综合国力的竞争中处于基础地位，国力的强弱越来越取决于劳动者的素质，取决于各类人才的质量和数量，这对于培养和造就我国 21 世纪的一代新人提出了更加迫切的要求。国家能够提出以创新型国家作为建设目标的前提不仅仅是因为参与世界竞争的需要，也是因为通过多年的改革开放，中国的经济已经有能力支持中华民族的全面振兴。创新型国家的创造性活动并不局限在某几个强势领域，而是在不限定的各个方面；也就是说，国家在方方面面都需要大量的高层次创新人才，同时对高层次创新人才的需求结构也发生了明显的变化，因此，无形中对大众化高等教育涉及领域的广泛性和适应社会发展的专业结构的要求也愈加强烈。

因此，从国家层面分析，中国高校的本科教育作为专业覆盖面最广阔的教育层次，其支持的本科教育质量理念应该是在保证社会主义思想品德的前提下，既具有相当专业知识基础又具有较强创新意识和创新能力的创新型人才。

1.2.3.2　社会层面的高等教学理念分析

从社会层面来说，对大学本科教育给予了较大的期望，大学毕业生有工作做应该是最低的要求，而大学毕业生一出校门就失业的现象应该是社会所不能接受的。从入学比例来测算，中国的大学本科教育确实已经进入大众化阶段，但实际上，中国的高等教育还没有真正表现出大众化高等教育的特征，也没有充分发挥大众化高等教育的作用。大众化的高等教育，首先应该能满足个人接受本科教育的需求，也就是说，只要个人有意愿，并具备基本条件，就可以接受本科教育；其次，大众化的本科教育应该能涉及各个领域的基本知识和基本技能的传授；第三，大众化的本科教育应该能满足现实社会对本科层面人才的需求。同时，大众化的本科教育应该具有如下的特点：首先，本科教育资源将出现冗余现象，知识和技能是高等学校产品的理念将被广泛接受；第二，本科教育应该具有较明显的市场特征，逐渐形成“教育超市”，人们可以依据自己的需要到“教育超市”中选购产品——知识和技能；第三，本科教育内容与教育方式将以适应市场需求为主。

然而，中国的高等教育一直受计划经济思想的影响，本科教育的大众化仅仅是数字上的，真正意义上的大众化本科教育的作用和特点并没有明显地表现出来，尤其是专业设置和招生计划不是通过市场调节，而是由教育管理部门统一安排，使得众多高等学校争办有限的几个专业，造成人才需求结构与实际培养结构的严重偏差。由于人才资源具有边际效益递减的特点，人才拥挤的本科专业难免出现“教育过度”，而社会急需的知识技能型人才少有学校培养。教育过度和求才若渴的两相矛盾给中国高等教育改革提出了严峻的挑战，政府的国民教育发展规划也面临着社会能否承受的考验。

从社会层面来说，社会对高校培养具有创新精神和创新能力的大学生的期望与要求具有最直接的动力，也就是说，无论从提高整个国民素质的需求角度还是从社会各行各业保持持续稳定发展的需要角度，都在呼唤高等学校强化本科教育中关于创新素养和创新能力的培育。

除此之外，社会对大学毕业生还有更高的希望，那就是希望中国的大学毕业生能够成为先进文化的推行者，并在社会活动的各个方面表现出积极向上的思想情操，成为社会进步的根本力量。

1.2.3.3　学校层面的教学质量管理理念分析

自从我国政府提出发展科技、建设创新型国家的战略构想之后，国家大力鼓励高等学校以及科研院所发展科技、提高科研质量，许多高校明确提出要建设研究型大学，办学的理念更加重视科研，对获得专利或发表学术论文的教师实施高强度的奖励，对获取科研课题的教师也给予重奖。其实，大学的这种转变应该是一种进步，但关键的问题是由于相关政策和大学评估导向所引发的急功近利的价值观，使得学校的科学研究与教学活动的相关性太低，并没有真正实现由研究驱动教学。高校教师必然要依据所在学校主张的价值理念来实现其人生价值，教师们正在或已经失去从事教学的热情而热衷于发表论文和争取科研经费的资助。因此，创新型国家建设中的中国大学，必须通过完善管理体制协调好高校教师科研与教学的关系，更好地实现当代大学培养高水平创新型人才的办学目标。

在建设创新型国家的大背景下，创新型人才的培养成为我国高等教育界广泛关注的热点问题。为了适应建设创新型国家需要，培养大批高素质的创新型人才是高等教育亟待解决的一个重大课题。过去有关中国大学知识传授的有用性研究表明，在人的一生中，大学阶段只能获得所需知识的10％左右，其余的知识要在工作中不断学习才能获得。所以高校不仅要传授给学生知识，更重要的是培养学生获取知识、运用知识、创造知识的能力，为学生终身学习和发展奠定基础，使之更好地适应社会和促进社会发展。《高等教育法》明确规定，高校应“培养具有创新精神和实践能力的高级专门人才”。因此，加强对大学生创新意识、能力和素质的培养，造就适应知识经济时代和我国社会主义建设事业需要的创新型人才，已成为高等学校新的历史使命。

对于目前我国的高校来说，培养本科生创新素养、提高本科生创新能力是政府对高校的基本要求。一是维护社会稳定的需要。政府要通过公共管理实现社会秩序、社会环境的稳定以及人民群众在生产和生活中的稳定。当前我国社会正处于转型期，国家关注的重点是建设社会主义和谐社会；高校作为社会的一个子系统，必须实现大学生素质的整体发展，以促进社会的稳定发展。二是发展经济的需要。在知识经济时代，人才成为一个国家竞争力的根本所在，每个国家都需要高等学校为其培养大量的建设人才。在我国，经济改革正在深入发展，正面临着从经济大国向经济强国的转变。科技，尤其是高新科技、应用型技术对于一个国家的发展具有举足轻重的作用。高校能否把科技知识及时地通过课程教学传递给大学生，关系到一个国家发展后劲的强弱。三是市场力量对于高等学校有着越来越重要的作用。企业等组织的生存发展需要若干资源，其中人力资源是最重要的资源，企业等组织中人力资源的一个主要来源就是高等学校培养的毕业生。另外，随着人们公共管理意识的提高，社会第三方机构以及社会舆论对高校教育质量进行了一定程度的“拷问”，希望高校能够提升高等教育的质量。

因此，高等学校培养本科生创新能力与创新素养的动力来源于两个方面：一是高校内部真正意识到培养本科生创新能力与创新素养对于高校自身生存与发展的重要性，整个学校在内在动力的驱使下积极投入本科生创新能力的培养；二是高校所处国家和社会的要求促使高校对人才培养模式及管理方式进行反思和改革。

1.2.3.4　*教师层面的教学质量理念分析*

高校教师是高校核心的人力资源，是高校教学、科研的直接执行者。高校教师对本科生创新能力培养的动力来源于两个方面：第一，学校的培养动力和培养目标将会通过课程设置、教学管理以及教师考核等多层次、多方位方式加以体现，最终落实到高校教师对人才的培养手段和方式上，从而成为高校教师工作的一部分。这样，高校教师就具备了培养本科生创新能力以及培养高端人才的内在动力，同时也希望通过自己的知识储备与人生阅历培养与影响自己的学生，而不是单纯地把培养学生当成谋生或攀登职业高峰的工作方式。为此，高校教师能够把培养学生的创新能力作为自己职业信仰的一部分，其水平不仅仅是学问的高低，还包括教育方式、教育态度的科学性等，这些都会影响到教学的质量；而从创新型人才培养的角度，除学识水平外，更应该要求高校教师具备实事求是、服从真理和人人平等的品格。

因此，对于高校教师，确实应该在思想品德、钻研精神、学识水平方面提出比较高的要求。随着知识经济时代科学技术的日新月异和互联网技术的普及，高校教师已经很难全方位地“传道、授业、解惑”。实际上，按照竞优思想，每个人都在探索、认识和利用事物的规律来展示自己的优良一面（即竞优），但由于规律的客观性及认识的主观性和片面性，任何一个人对事物的言行都不会完全正确和永远正确,高校教师也不例外。因此,教师的“传道”既不应该是教条的,也不应该是一成不变的,教师应该宣讲自己对“道”的感悟,并且其前提一定是自己信服和身体力行的,而不是简单、单纯的说教;教师的“授业”应该是按照学校相关专业的教学体系安排,高水平地传授相应的专业知识和技能,毫无疑问,教师在专业上的学习和研究积累绝对有助于教师履行授业工作;同时,随着高校招生规模的扩大,高校教师不可能解答每位学生的困惑,其实教师可以改变“解惑”的方式,在具体的问题上与学生交流“述惑”,这种教学相长可以促进师生共同成长。因此,关于高校教师的本科教学质量管理的职责可以从“论道、授业、述惑”三个方面考虑,其中“述惑”中的述,既有评述的意思,也有叙述的含义。

1.2.3.5　学生层面的教学质量理念分析

大学生获取知识和技能必须通过个人的勤奋学习和实践探索,也就是说,社会环境、国家政策、学校管理、教师都属于影响大学生学习效果的外在因素,所有这些外因都需要通过大学生自己的行为才能起作用。而作为成年人的大学生,其学习效果受到兴趣、责任心、成就感和荣辱感等内在因素的影响,其中兴趣能使其产生最大的动力。但是许多大学生在考上大学之前忙于应试准备,并没有考虑自己的专业兴趣,更没有考虑自己的职业兴趣,上了大学以后才逐渐了解所学专业的特点及其对应职业的发展前景,加之有的高校几乎不允许调专业,所以造成大学生中许多人学习动力不足,更不要说积极钻研专业领域的课题了。这种状况也是造成大学毕业生就业难的原因之一。

大学生作为接受高等教育的对象,从各个方面来说,都具备提高自身创新能力与创新素养的动力,具体表现在:第一,从大环境方面来说,社会需求对大学生的创新能力提出越来越高的要求,这使得大学生从适应社会、未来发展的角度希望在大学得到创新能力的培养,希望在校期间能够具备基本的创新素养,这样在未来步入社会时就会具备基本的适应能力,避免与社会需求相脱节。第二,从大学生受教育的需求方面来说,大学生在入学时都有对大学基本的期望与要求,这些要求包括:大学要为培养学生正确的人生观、价值观负责;大学要为学生修炼人格、完善品格提供基本的环境和氛围保证;大学要传授学生基本的人文、科学与技术知识,提高学生的知识水平;大学要培养学生运用知识解决问题的实践能力;大学要培养学生创造性解决问题的创新能力和创新思维。因此，从大学生的角度来说，对学校培育其创新素养、创新能力有着基本的期望，这也从学生层面为高等学校培育大学生创新素养和创新能力提供了坚定的动力。

1.2.3.6　中国高等教育质量管理的指导思想与原则

教育对人生的职业具有决定性的影响，良好的思想品德、积极向上的人生观和价值观是政府、用人单位、学校、家庭对大学毕业生的共同期望；而在大众化高等教育的形势下，具有比较优势的科学知识和技术技能是大学生在人才市场竞争中立足的优势。因此，高等学校必须构建能够吸引求学者的知识和技能体系，才能保证高校在高等教育大众化的发展中生存和发展。依据中国高等教育的特点，高等学校在本科教育质量管理方面需要树立正确的指导思想，坚决贯彻国家的教育方针，并坚持以人为本、以育人为本，坚持知识的先进性以及对社会进步的推动作用。

（1）大学的建设必须紧紧围绕教育质量

与其他事物的生存与发展类似，大学的生存与发展是与大学满足环境需求的质量密切相关的。国内外大学的建设主要是围绕提高大学的教育质量进行的。

英国作为高等教育质量保障运动的前沿阵地一直受到世界各国的关注。高校自治是英国高校的传统，但经过长期的市场检验和反馈调整，现在的英国高校还是选择了大学自治与外部质量监管相结合的方式。欧洲国家对高等学校的建设主要是大学自治，但教育质量要依据学生的评价，并且强调信息的公开透明。美国在大学建设中通过公开的大学评估排名，让市场来选择大学；美国的大学建设比较重视教授意见，即教授治校，同时以学生为重要的关注对象；美国的大学非常注重教师的选聘，在师资力量上保持数量和质量上的优势。

在我国关于高校建设的文章很多，其中一些文章揭示了中国高校建设中的若干现象，包括投资主体单一、教育质量下滑、大学毕业生就业难等，并提出了不少建设性的意见和建议。总体而言，现有关于中国高校建设的研究大多受到传统教育理念的限制，对深层次的因果关系缺乏深刻的剖析，尤其缺乏对我国高等学校建设对策的研究，难以从根本上解决我国大学教学质量的问题。

2004 年，国家教育部下文规定大学教授必须全员的本科生授课，这是针对高校教育领域不重视本科教学现象的一种无奈之举。真正让高校重视本科教学的措施应该是在国家教育管理部门的宏观指导下，改变对大学的评价内容、评价方式以及相应的激励方式，更有效地引导高校通过科研来驱动教育水平的提高，真正树立和实践育人为本的教育理念。

当然，国家必须承认大学的高水平科学研究的重要性，并且从国家建设的角度给予相应的科技成果奖励。对于学校的教育活动而言，科技成果仅仅是提升教育水平的潜在因素，只有从受教育者的言行中体现出这些因素的影响，它们才被承认代表了学校学科专业的教育水平。因此，当代的中国大学既要保持对科学研究的重视，更要坚决履行为国家建设培育高水平人才的责任。

（2）调整和完善高校本科教学的指导思想

我国的创新型国家建设和大众化高等教育都要求改革并完善大学的管理机制，但是工作千头万绪、任重道远。

竞优思想是一种以认识和利用事物规律为前提，以知识为驱动，展示行为主体优良的思想观念体系，其观点包括“人们竞相探索、认识并利用事物规律来展示其优良”的竞优行为是人类社会发展的核心动力；竞争只是竞优的派生行为。

竞优思想认为：由于事物的客观性和人认知的主观性、片面性，使得不同的行为主体对同一事物规律存在认知上的差异；再加上每个行为主体的经历和自身条件的不同，必然导致竞优行为的差异。因此，即使行为主体在探索同一事物的规律，也会形成对事物的不同认识；真理在不断检验竞优，任何行为主体都只能掌握相对真理；真诚的交流有助于完善对事物规律的认识，从而提高竞优的水平；公开的民主集中制是健康组织所必需的运行体制。

竞优思想对管理的建议：加强竞优意识和竞优理念的培养；建立健全民主集中制；激励有效探索并揭示事物的层次及其演变规律的行为；引导和激励组织成员积极竞优，最佳的引导方式应该是尽可能承认组织成员的优良表现，这样既能体现组织以人为本的理念，还能引导组织成员围绕组织的价值主张积极开展竞优；运用相宜的管理技术支持竞优；及时调控制度，使之不断与事物规律相吻合。

竞优思想是完全符合国家的教育指导方针的，并且主张通过引导和鼓励探索的方式贯彻国家的教育指导思想，从而有利于高等学校坚守先进的思想和弘扬先进的文化，促进社会的不断进步。因此，竞优思想可以被用来指导中国的大学建设或成为中国教育的指导思想。而竞优思想中对事物规律的追求和对人生价值的追逐，也具有很好的先进性和广泛的适用性。

国家教育管理部门既要承认自己对全国所有高校的教育状况不可能面面俱到地掌握，也要相信各个高校的领导层具有很高的管理水平；从对专业设置、招生规模、教师职称比例等多方面的微观控制转变为根据国家教育规划纲要落实教学质量的宏观调控。相应地，省级教育管理部门也应仿效运行。

(3) 鼓励高等学校积极竞优的原则

按照竞优思想，各个高校都在探索、认识并利用教育规律，充分展示学校自己的优势和特色。而各个高校所面对的是不同地区的特殊需求，高校领导层对学校的发展有自己的思考，国家教育管理部门可以给予指导，在不违反国家发展战略和社会价值理念的情况下，不应强行否决各个高校的办学决策。国家教育管理部门应在制定学科标准和公开审核程序的基础上，允许学校自行决定招生的学科专业以及招生规模，使各个高校能够培植并发挥自己的长处，实现特色办学；但国家教育管理部门必须加强监督和反馈控制，以毕业生的满意率替换就业率来衡量学校的教学质量，对没有达到标准的学校进行适当的处罚，并定期公布。

鼓励高等学校积极竞优的重要途径之一是完善对大学的评估方式。目前，中国大学大体上按照综合性大学和非综合性大学进行分类。不同类大学之间很难进行整体比较，但是从竞优的角度来看，各大学应该根据环境的需要和自身的条件进行特色学科建设，而学校的特色学科就有可能支撑其长久地生存和发展，这也是大学在市场环境中生存与发展的一种规律。

各个高等学校必须清楚地认识到这样的事实：任何一所高校，尽管在各个学科上都可以不断进步，但却不可能在各个学科领域都表现出绝对的优势。因此，各个高校应该依据自己的区位优势和人才特点及其动态演变，本着有所为、有所不为的原则，确定重点学科，形成优势学科，并通过优势学科向相关学科辐射的方式，或优势学科相互交叉融合的方式，带动学校的学科建设，形成学校的学科特色。

重视“以评促建”的学科评估，并在学科评估的指导思想中体现竞优思想，也就是从充分承认各个高校学科建设成就的角度，充分挖掘和表现其学科优势，看其能否取得比较优势，以便于学校制定特殊学科建设决策。目前，有关竞优评析方法可以满足挖掘各高校学科优势和客观评定其水平的需求。

(4) 积极推进在校大学生管理制度改革的原则

我国大学毕业生的进取精神和创新精神较弱，这与我国大学对在校大学生的管理制度有密切关系，其中最主要的是学年制。按照竞优思想，推行标准化的学分制是一项能增加求学者竞优机会并促进学校竞优建设的改革措施。现在，我国的很多高校都实行了学分制，但从培养计划和实际操作上看还是学年制。学年制和学分制的区别并不在于学习年限的长短，而在于学校管理部门工作量的变化。

1.2.4 高校本科生教学质量监控体系的设计

1.2.4.1 需求信息的跟踪与分析

我国高等教育存在一个很明显的问题：平民化的升学率，不平民化的高等教育成本；精英化的培养理念，蓝领化的市场需求。这已是我国高等教育当下绕不过去的双重壁垒。特别是高校毕业生就业市场中反映出来的矛盾越来越突出：一方面，每年有几百万大学毕业生涌向市场为就业而伤透脑筋；另一方面，市场真正急需的人才却得不到满足。这种矛盾也严重地困扰着各高校的生存与发展。由于高等教育涉及各个方面的利益相关者，而关注各利益相关者的现实需求才是高等教育适应社会发展与国际大趋势的基本工作。

我国要培养满足创新型国家建设需求的创新人才，就需要对创新人才的需求信息进行分析与跟踪。这种分析和跟踪是全方位的，既包括学生个体、学生的家庭、企业，又包括社会与国家。高校要培养能够建设创新型国家的创新人才，首先需要了解国家对高等学校本科教学质量的需求，从国家宏观的角度识别和分析国家的需求，以便有针对性地建立高校自身的培养体系。其次，从社会或企业的角度，对高等学校本科教学质量有不同的需求，高校需要从多种渠道了解社会与企业的需求，比如通过产学研结合的方式、通过调研的方式、通过每年大学生就业双选会与用人单位的合作中充分调动各种力量，了解现实社会中对高校培养的大学生有哪些实际的、迫切的需要，而针对这些需要高校又应该通过怎样的方式转变为内部的教学安排。掌握时代的脉搏、了解社会对大学生和高校的基本需求，能够让高校的教学不至于脱离社会太远。第三，了解家庭和学生个人对高校本科教学质量的需求，从培养全面的、健全的社会公民的角度塑造学生的人格、引领学生的精神，不但能够实现学生和家庭对高校的期待，同时也能够拯救社会上出现的道德滑坡局面。

1.2.4.2　质量标准的管理机制

我国的高等学校教学质量评估一直以来都是以政府为主导的，教育部拥有对高等学校教学质量的绝对控制权。教育部根据国际、国内形势以及我国高等教育的现实发展情况制定高等教育发展的规划和相关政策，对高校教学质量采用教学评估的形式实施掌控。因此，各个高校教学质量只要满足政府的评估标准即可认为达到了教学质量标准。但是，政府与市场有着本质的区别，政府的政策、标准与市场对人才的需求也有着本质的区别，以政府为中心的高校教学质量评估方式，使得各个高校只能被动应付政府每五年一次的教学评估，而无法做到根据市场需求保障教学质量。另外，《国务院关于〈关于中国教育改革和发展纲要〉的实施意见》中指出："不同类型不同层次的高等学校应有不同的发展目标和重点，办出各自的特色。"教育部自 1997 年陆续出台了一批综合、工业、农林、医药、政法、财经、外语、师范等不同类型高校的本科教学工作评估方案。但评估指标和评估体系并非基于某一类高校，而是基于研究型大学的标准，基本上是以一个尺度去衡量和评价全体"普通高等学校"，这种统一的评估标准应用于诸多学校、诸多学科，过于强调"标准"而淡化"特色"。因为标准过于一致，使得各个高等学校忽略了自身的发展优势和办学特色，甚至一些层次不高的学校也盲目追求一流。

由于政府对高校的过度控制，使得高校明显缺乏体现大学本质的属性。高等学校对社会需求应是主动地、选择性地适应，并在适应中引导和超越现实；同时要抵制社会潮流的干扰，而不是不加分析地迁就。但是我国高校由于对政府的依赖，缺少大学应有的独立性，大学的本质属性得不到张扬。因此，削弱政府对教学评估的行政性控制，赋予大学高等教学质量保障的主体地位是提高我国高等教学质量首先需要解决的问题。同时，采用“市场导向”吸收社会或用人单位以及学生自身对高等教育的需求信息，是保证我国高等教学质量的关键。此外，完善第三方中介组织的评价资质，多借助于第三方认证或评估机构对高校的评价与排名，是增强高等教学质量外部监督的重要一环。综合来说，高校具有其质量保证的主体地位，将学生、家庭与社会用人单位的教育需求信息作为制订教学计划和学科发展规划的基础，依赖政府与社会第三方中介机构的外部监督，将最大限度地提高我国高等教学的质量。

1.2.4.3 质量状况的测评与分析

综合来说，高等学校教学质量的测评与分析，应该是一个多方参与、共同实现的过程。首先，高校应该对各个层面利益相关者的需求进行跟踪与分析，其中包括国家的需求、社会与企业的需求、个人与家庭的需求等；在充分、准确地了解各方需求的情况下，结合具体的需求状况，将具有普适性而非专业性的需求信息融入本科生通识教育的课程体系，比如人生观和世界观的培养、科学精神和人文精神的塑造、公民素质和道德的培育等，每个大学生都应该接受通识教育；将与社会和企业需求相关的对各专业学生的具体专业需求纳入每个学科不同专业的专业课程体系中，而将美学、文学、艺术、健美、军事、政治等课程纳入选修课程中。总之，了解各个层面利益相关者的需求是高等学校教学计划编制的基础，基于具体的需求特征编制教学计划，然后结合教学质量标准进行相关的师资培训与管理，在和谐的教学环境保障下、在具体的教学环节中，通过各方对教学质量的协调与管理实现高校教学质量的全面计划、管理、协调和保障。如图 1-1 所示。

1.2.4.4 教学计划的管理机制

要确保高等教育教学计划的制订能够满足多方利益群体的需求，就要保证教学计划的制订过程由多方人员参与、群体决策，这就需要多方建立有效的沟通机制。

高校应该开办课程超市，满足学生各种求知需求。一个超市能否吸引顾客，取决于商品是否丰富、商品的性价比、顾客的消费体验等多个方面。从这个角度讲，高校的课程超市能否吸引学生，也取决于学校提供的课程是否丰富、是否适合、是否能满足学生多方面的需求。每个学生个体会在个人兴趣、专长以及未来职业发展规划方面存在很大差异，这就要求学校的课程

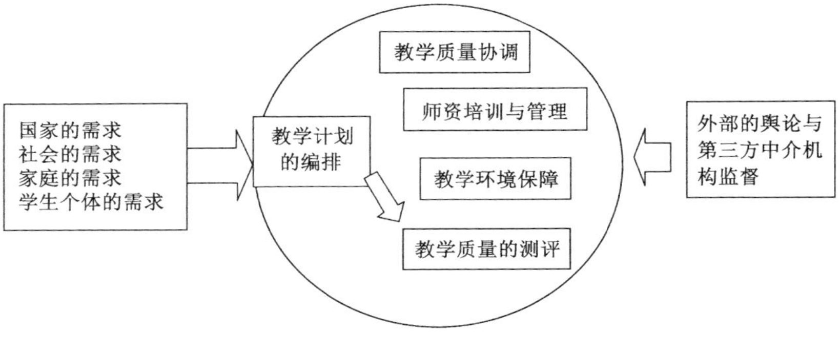

图 1-1　高校教学质量监控体系图

能够满足学生多方面、多层次的需求，真正像超市那样，开设丰富的课程。高校课程的丰富性不仅表现在门类多方面，还应该是目标多元、层次分明、比例协调的。需要注意的是，高校课程改革不能专注于表层结构而疏于深层结构的把握，不能只重视表面的科目增设、知识叠加以及进行何种教育即增设何种课程，而忽视深层的课程要素的挖掘和学习活动方式的选择。因此，课程编制要创新，不能单纯看某门课程内容的知识量多少，而应更在意该门课程内容包含新知识生长点的多少，把培养学生寻找、应用、创新知识的能力和素质的内容置于课程体系的重要位置。

我国高等教育在一定程度上缺乏通识教育的课程设置。通识教育是指非职业性和非专业性的教育，旨在为社会培养健全的公民。通识教育的理念应该是造就具备远大眼光、通融识见、博雅精神和优美情感的人才的高层的文明教育和完备的人性教育，通识教育是关注人的生活的、道德的、情感的和理智的和谐发展的教育。西方国家的大学生课程设置方面积累了比较成熟的经验，为拓宽教育基础、加强通识教育做了许多卓有成效的尝试。比如，哈佛大学基于学生“对每一件事物都应该懂得一些，而对有些事物则应该懂得好些”的教育理念，建立了一种独具特色的课程——核心课程，通过核心课程的形式，学校希望将学生培养成为通才型的全面发展的人。我国的大学应该增加有关中国传统文化的课程设置，有必要对中国古代的哲学家及其思想有所传授，以启发学生哲学思维和思辨能力。因此，在我国的大学教育中，哲学和历史教育是不可或缺的。

1.2.4.5 师资培训与管理

我国高校逐年扩招使得教师的教学工作量不断增大，而师资力量的补充又慢于高校扩招的速度，导致高校师资远远不能满足教育教学标准的要求。因此，在数量和质量方面大力加强师资力量，是提高我国大学教学质量的关键。在这里应该明确的是，在培养面向创新型国家建设的创新型本科人才方面，高校需要改变教学模式，抛弃灌输式的教学模式，实行师生双方共同参与的引导式、激发式或讨论式课堂教学，调动学生的参与性，激发学生的创新性与想象力。而要完全做到这一点，实际上并不容易，原因在于高校教师多年来一直采用的填鸭式教学已经成为一种固有的教学习惯，很难及时调整为灵活的教学模式。因此，高校的师资培训应从改变教师的教学理念开始，使教师在思想上认识到改变教学模式的重要性，并在实际中真正尝试改变教学模式；同时，高校的师资培训应多提供先进教学模式与教学方法方面的培训，真正为教师提供资源与平台。值得一提的是，对于不同年龄段的教师，接受新理念、新方法的能力不同，年轻教师接受能力强，学习速度快，而年老的教师会相对慢一些。因此，从长远来看，更应该加大对年轻教师的培训和培养，随着这些教师教学年限的增长，当年老的教师退休后，就会慢慢实现全员教师的更新。

另外，我国高等教育重视专业教育而忽略通识教育已成为导致大学生缺少质疑与思辨能力以及创新思维的关键。高校要弥补这方面的不足，首先要提高教师的通识教育能力和水平。但是很显然，目前高校师资在这方面是薄弱的。因此，在高校教师的师资培训方面需要补充这方面的培训，教师才能向学生传授足够的通识教育知识。

1.2.4.6 教学质量协调管理机制

本科生培养质量不仅仅是高校教师单方面的事情，而是涉及学校的整体教学环境建设，需要教学管理部门、教学服务部门、教师以及学生四方的共同努力与协调，单纯一方的行为与目标未必能够保证最终良好的教学质量。因此，高等学校要有明确的教学质量协调管理机制，协调不同部门或主体的目标与工作，以实现最终的教学质量目标。

(1) 教学服务部门根据师生的需求提供适宜的教学设施和设备

尽管现代化的教学手段（多媒体教学、网络化教学）已被众多高校普遍采用，但相关的调查结果表明，我国高校中教学设施与教学手段大多单纯追求易见成效的硬件环境建设，缺乏完美的教学环境设计与管理，导致师生利用效果与硬件投入不匹配。因此，各个高校应该结合自身实际推广使用切实可行的教学环境方案。这样做的前提就是要广泛了解本校师生的需求以及不同课程对教学设施和设备的特殊要求。也就是说，教学服务部门要充分了解师生需求、结合不同的教学业务提供适宜的教学设施和设备。

（2）教师要结合学生需求和课程特征充分、合理利用教学设施

很多教师沿用过去的教学习惯，不擅长、不愿意改变教学方式，更不愿意接受先进教学手段的培训，导致先进的教学手段没有物尽其用。因此，在具备适宜的教学设施和设备的前提下，教师要掌握科学合理的应用方法，结合学生需求和课程特征两方面情况，合理并充分利用现代化的教学手段，使其发挥应有的作用、实现应有的效果。

（3）教学管理部门要制定并履行切实可行的教学管理制度

教学管理部门要制定并履行切实可行的教学规划和相关的教学管理制度，调动师生应用先进教学环境的内在需求和动力，促使良好的教学环境充分发挥其应有的作用和价值。在制定教学规划和相关教学管理制度时，教学管理部门要充分调查教师和学生的反馈情况，合理调整相关制度。这样做的目的是要保证制度的制定和实施不仅仅有利于行政运作，更有利于师生双方协调配合促进教学质量提高。

1.2.4.7 教学环境保障机制

良好的教学环境能够最大限度地促进高校教师教学水平的发挥，同时也能够保证学生的学习热情。高校本科生质量监控体系设计的最后一个环节就是保证良好的教学环境，因此，建立教学环境保障机制是必不可少的一步。

建立教学环境保障机制需要从以下两个方面进行。

（1）加强学风建设

高等学校的学风建设是建立教学环境保障机制的基础工作。正如“破窗理论”认为：如果有人打坏了一个建筑物的窗户玻璃，而这扇窗户又得不到及时的维修，别人就可能受到某些暗示性的纵容去打烂更多的窗户玻璃。久而久之，这些破窗户就给人一种无序的感觉。结果在这种公众麻木不仁的氛围中，犯罪就会滋生、蔓延。这个理论表明，人的行为很大程度上是由环境决定的。类似的，学生的学习行为也是由学校的学风决定的。只有保

证学校整体有良好的学风，才能保证学生对每一门课程有基本的学习动机。因此，高等学校加强学风建设是首先需要强调的。

（2）安排更多的小班授课

随着我国高等学校的招生规模不断扩大，与之配套的师资却没有保持同步的增长，这就造成高校的师资力量严重不足。师资力量不足带来的结果是一个教师要面向更多的学生授课。根据社会心理学的研究结论，在大的环境或人群中，个体的“去个体化”倾向与“社会惰化”倾向比在小群体中要更明显。因此，大班授课时，学生回应教师提问的积极性和主动性会比小班授课时低得多，造成师生互动难度加大。而摒弃教师的纯粹理论授课、增加师生互动和讨论是保证本科生培养质量的重要方式，因此，在尽可能的情况下多设置小班授课是保障教学环境的一个重要方面。

2

基于国家标准的高校教学质量保障体系

教学质量是学校的生命线，教育部在近几年发布的指导性文件中，对高等院校在教学质量监控和评价体系建设方面提出了要求，要求高校加大教学质量监控力度，逐步形成完善的教学质量评估制度，评价主体包括领导、教师、学生、督导等，评价对象包括课堂教学和实践教学等各教学环节，形成教学质量定期反馈制度，逐步建立促进教学质量持续提高的长效机制。

高校教学质量监控和评价体系所涉及的要素非常广泛，通过对教师、学生、教学过程、教学管理和教学保障等的监控与评价，提升高校人才培养质量。目前很多高校的教学质量监控和评价工作仍然沿用以人工方式为主对数据信息进行收集、整理、分析和反馈，存在效率低、监控范围窄、监控力度不足、对数据信息的利用程度不高等问题，使教学质量监控的形式大于内容，促进教学质量提升的作用较为有限。

随着移动互联网技术的飞速发展和国家"互联网＋"行动计划的提出，将互联网融入传统行业势在必行。对于高等院校来说，信息化技术让信息反馈更加快捷，有利于高校实现真正的信息化、现代化管理。因此，利用信息化技术推动教学质量监控和评价工作，是实现教育现代化，推动教学质量监控管理走向科学化、规范化的必要手段。

2.1 中外一流大学内部质量保障体系比较研究

2.1.1 中外一流大学内部质量保障体系概况

2.1.1.1 哥伦比亚大学内部质量保障体系概况

哥伦比亚大学内部质量保障主要由系一级承担，学校不对课程的具体实施提出详细规定，而是通过学院和系的一系列多元化的评估来保障教学质量。哥伦比亚大学教师学院是美国大学中教育研究组织的范例、教育研究专业化与学科化的缩微景观、教育专业人才培养的精致样本，对其进行研究具有典型性。其内部质量保障体系包括以下几个方面：

第一，专职质量保障部门。设立了学院层面的质量保障部门“认证和评估办公室”，其职责是统领教师学院一切教学资源，确保学生和各类项目的卓越质量，利用哥伦比亚大学资源整合各学系共同承担人才培养任务。在学院内部，依托独立的行政与学术权力，建立自下而上的管理体制，其职能权力主要掌握在学术科研机构手中，行政部门主要处理学术研究之外的工作。

第二，特色的质量保障制度、严格的教师聘任制度和内部问责制度。哥伦比亚大学教师学院坚持“下一个会更优秀”的理念，教师的聘任制度相当严格，终身教授的比例极低，进而形成师资队伍的良性循环。同时，明确的问责制度赋予校内每一位与教学质量有关的人员，无论是校长还是教师、学生，都有权利和义务对教学质量、课程设置、教学运行等方面进行问责。

第三，“学习效果评估为核心”的学术评估和“嵌套在学院效能评估中”的行政评估两项特色教学措施。学术评估要求学生具备五项核心能力，即专业技能，调查研究，专业化发展和终身学习，交流、合作与领导力，多样性、多元文化和社会正义，明确要求学生达到相应的学习效果，进而实现其独特的办学理念。行政评估则要求行政部门根据教师学院的总体目标制定自身的工作目标，且完全服务于学院的总体目标，行政部门的行动方案是学院工作目标的具体措施，行政部门的考核在学院的效能评估中进行。

2.1.1.2 剑桥大学内部质量保障体系概况

剑桥大学以学术为中心，崇尚“教授治校”，形成了完善的内部质量保障体系，主要包括以下几个方面。

第一，健全的内部质量保障机构。成立学校评议院、学校理事会、校教师委员会常委会以及学院委员会，在各个学系中还有负责学生教学和科学研究的系主任，形成校、院、系三级质量保障机构。

第二，完善的质量保障制度和高效的教学质量提升措施。学校主要依靠年度监控制度和周期审查制度来保障基本教学运行和教学质量。年度监控制度用于保障既定预期目标的实现，主体是下属的学院，学院的教学执行和教学效果情况主要通过年度质量报告、评估报告、毕业生质量跟踪调查报告来体现。周期审查制度是英国高校为了保证和提高专业的办学水准和教学质量，实时审查专业的培养目标和学习产出达标情况和适应情况，通过一个独立小组——评估委员会对院系围绕教学进行的评估审核。

第三，特色的校外督查员制度。为确保达到在不同的高校能够采用统一的考核标准、保证学生考核制度的公平与公正的目的，在高等院校进行学位考试时，负责考试相关事务的考试委员会必须包含一名来自其他学校或者相关领域并且在短期内不曾在本校任职的学术专家，该成员必须参与学位考试的命题、口试、阅卷、评分以及讨论活动，并针对学校的课程设置、学位授予标准和程序问题写出书面报告。

2.1.1.3　萨克雷大学内部质量保障体系概述

萨克雷大学是由 3 所大学、9 个职业学院和 7 个科研机构组成的，在法国“卓越大学计划”中脱颖而出，其内部质量保障体系包括以下几个方面。

第一，重组后的质量保障机构。基于“卓越大学计划”的框架，在学校内部重新构建了由董事会、成员会、学术委员会以及校外专家组成的科学与创新战略委员会构成质量保障机构，其内部成员共同决定学校的章程。

第二，重组后的质量保障制度。学校的《大学章程》对部门具体职责和奖惩制度作出了详细规定，对教学、督导、评价等教学整体过程的实施明确了制度保障。

第三，特色的质量保障制度、绩效评估。从高校毕业生的就业情况、研究单位与博士生院的科研作品清单、管理质量、学位授予数四个方面设定工作目标和绩效标准，采取合理考评方法评定学校的工作完成情况和职责履行程度，并依据评定的结果分配教育经费。

第四，明确的教学质量保障措施。通过优化校院公共设施，改善教学条件，加强信息化建设，打造魅力校园。高校内部注重知识分享、相互渗透和交叉发展，在合作中不丢失自身的特色，追求合作机构的优质筛选，并且在过程中追求公平。

第五，特有的“本科行动计划”和“互联网＋教育”模式。“本科行动计划”构建了基础创新教学模式的多学科协作方式，通过提供量身定制的知识传授体系、相应的大学课程和课程标准、多学科课程体系，打破学科的界限，对学科外的相关领域更加开放，更加倾向于合作和共通性，从教学目标、课程内容等方面形成良性互通；聚焦团队合作，弱化个体知识，淡化教师与学生之间的等级关系，且更加倾向于不同学科背景和不同专业背景的教师与学生之间的组合，每个学生都有机会建立适合个人的灵活的课程学习模式，打造从学士到博士的完整、连贯的科学化人才培养体系；重点关注基础学科到应用学科的连贯性、跨学科与国际化程度以及学生的培养质量。"互联网+教育"模式是依托信息化建设，通过慕课和在线课程等方式吸引更多的国际生源，主打课程注重多学科交叉和国际互认，实现资源共享，促进教育资源的国际化配置，以应对教育公平的全球挑战。

2.1.1.4　北京大学内部质量保障体系概况

北京大学作为我国"双一流"大学的代表，是培养高素质、创造性人才的摇篮，其内部质量保障体系运行成熟并且高效，主要包含以下三个方面。

一是质量保障机构方面，由领导决策、评价监控、执行改进、支持保障四个系统构成，逐步形成了领导决策系统制定学校方针政策，执行改进系统进行落实，辅以支持保障系统的配合，由评价监控系统进行监督并向领导决策系统反馈的闭环结构。北京大学实行校院二级教学管理组织架构，质量保障工作主要由教学指导委员会和教务部来完成。

二是质量保障制度方面，制定了多项教学管理制度，即总体质量标准、课程标准、教学环节标准、教学管理和条件标准以及院系教学质量标准，覆盖了教学的整个过程，保障教学的基本运行。此外，北京大学建立全过程的教学检查制度和多元主体的教学评价制度两项特色制度。全过程的教学检查制度要求学校领导和教务部人员在每个学期开学、期中和期末三个阶段深入到课堂、院系、考场进行检查，了解教学状况，院系也要通过组织学生和教师座谈会等方式广泛听取各方意见。多元主体的教学评价制度包含学生课程评估制度、领导听课制度、研究和实践导向的教学调查制度，依靠全员参与教学评价，多角度、全方位地进行教学调查，进一步监控教学质量。

三是在教学质量提升方面，每年向社会公开发布《北京大学本科教学质量报告》，对学校的教学质量情况进行系统阐述，对反映教学质量状态的内容和数据全面公开，并接受社会监督。同时，按照教育部教学基本状态数据要求，结合教育部及教学质量年度报告，进行本科教学质量数据的收集和整理，每年开展北京大学年度本科教学质量状态数据填报工作。此外，学校积极开展毕业生培养质量调查，根据调查结果形成有针对性的调查报告，并反馈给学校各院系作为教学质量改进和提高的参考。

2.1.2 中外一流大学内部质量保障体系比较

2.1.2.1 中外一流大学质量保障机构比较

无论是北京大学还是哥伦比亚大学、剑桥大学以及萨克雷大学，都建立健全了自身的质量保障机构，采用与教学运行相适应的管理模式，即学校领导高度重视，把教学质量提高到学校生命线层面，校教务管理部门起到执行政策和监督管理的作用，各学院能够在日常的教学组织和运行中自觉承担对教学质量的保障和监控责任，校内各个部门根据相应的具体职能各司其职，能够对教学给予帮助和支撑，基本达到全校各个部门都参与到教学保障工作中。

不同的是，哥伦比亚大学教师学院建立了学院层面的专职质量保障部门，统领学院一切教学资源，统筹安排学院的质量保障工作，施行院系二级管理，质量保障人员充足；剑桥大学和萨克雷大学则是依靠董事会、校院教学指导委员会、学术委员会等部门组成自上而下的质量保障机构，在内部实行校院系三级质量保障模式，质量保障人员充足，萨克雷大学在此基础上还聘请了校外专家；北京大学则是建立闭环的质量保障机构，施行校院二级管理，质量保障工作主要落在教务部和教学指导委员会手中，质量保障人员相对不足。具体比较见表 2-1。

表 2-1 各大学质量保障机构比较

学校	质量保障部门	运行模式	管理机制	质量保障人员情况
北京大学	领导决策、评价监控、执行改进、支持保障	领导决策系统制定学校方针政策，执行系统进行落实，辅以支持保障系统的配合，由评价监控系统进行监督并向领导决策系统反馈的闭环结构	校院二级管理	人员相对不足
哥伦比亚大学	独立的认证和评估办公室	统领学院一切教学资源，利用哥伦比亚大学资源整合各学系共同承担人才培养	院系二级管理	人员充足

表 2-1(续)

学校	质量保障部门	运行模式	管理机制	质量保障人员情况
剑桥大学	学校评议院、学院理事会、校教师委员会常委会、学院委员会及系主任	校级层面部门决策，院系层面部门执行的自上而下模式	校院系三级管理	人员充足
萨克雷大学	董事会、成员会、学术委员会以及校外专家组成的科学与创新战略委员会	校级层面部门决策，院系层面部门执行的自上而下模式	校院系三级管理	人员充足

通过对四所大学质量保障机构的全面比较，我们可以清晰地看到，国外一流大学通过建立独立的质量保障机构，统领学校教学资源，科学、合理地利用教学资源，施行校院系三级管理机制，将质量保障工作贯穿于各部门、各环节和各项教学活动，在保证人员充足的基础上，确保质量保障体系有序运行，运行效果显著，值得学习和借鉴。

2.1.2.2　中外一流大学质量保障制度比较

无论是北京大学还是哥伦比亚大学、剑桥大学以及萨克雷大学，都建立了教学全过程的基本保障制度，包括学生评教、教学督导、听课制度等，为教学运行提供强有力的制度保障，保证教学运行常态化、规范化和系统化。

不同的是，四所大学在特色制度建设和实施效果方面存在较大差异。哥伦比亚大学教师学院追求“学术自由”，学术权力掌握在学术科研机构手中，行政机构则处理学术研究之外的工作，同时依据严格的教师聘任制度和内部问责制度，进一步保证人才培养质量；剑桥大学崇尚“教授治校”，依靠年度监控制度和周期审查制度来保障基本教学运行和教学质量，辅以特色的校外督查员制度，充分挖掘专家和教授的教学热情，进而对教学督导形成有效的补充，全面提升人才培养质量；萨克雷大学将质量保障制度公开化、透明化，把质量保障提升到学校战略高度，辅以绩效评估制度，严格执行教学经费的合理分配；北京大学在细化质量标准的基础上，辅以全过程的教学检查制度和多元主体的教学评价制度，基本达到了管理人员在每个学期开学、期中和期末三个阶段深入到课堂、院系、考场进行教学检查，了解教学状况，广泛听取各方意见，并依靠全员参与教学评价，多角度、全方位地进行教学调查，进一步监控教学质量。具体比较见表2-2。

表2-2　各大学质量保障制度比较

大学	教学保障	特色制度	效果
北京大学	总体质量标准、课程标准、教学环节标准、教学管理和条件标准以及院系教学质量标准	全过程的教学检查制度 多元主体的教学评价制度	质量标准细化 全过程教学检查 全员教学评价
哥伦比亚大学	教学质量标准	教师聘任制度 内部问责制度	学术自由 教师队伍的良性循环 责任明确
剑桥大学	年度监控制度和周期审查制度	校外督查员制度	教授治校 充分挖掘不同专家的教学热情
萨克雷大学	《大学章程》	绩效评估	制度公开化、透明化 责任明确 合理分配教学经费

通过对四所大学质量保障制度的全面比较，不难发现，四所大学的质量保障制度各具特色，效果也十分明显，其中问责制度能够全面激发不同群体的主人翁意识，教师聘任制度能够建立良性循环的教师队伍，校外督察员制度能够调动校外专家的教学热情，值得学习和借鉴。

2.1.2.3　中外一流大学教学质量提升措施比较

四所大学在日常教学工作中，对全校的教学质量情况进行分析，面向社会及时发布，接受社会监督；同时，定期进行毕业生调查和用人单位满意度调查，了解毕业生的去向，间接地了解教学质量；另外，建立教学基础数据监测，对教学数据进行分析，将结果反馈给相关学院开展持续提升。

不同之处在于，哥伦比亚大学和剑桥大学高度重视自我评估，将评估工作纳入学校的常规工作中，各学院乃至系积极主动进行自我评估，充分发挥了评估中的主体地位，建立了自下而上的评估制度。在此基础上，哥伦比亚大学鼓励学生充分认识自身的专业，知晓本专业的发展，注重交流与合作，养成终身学习的习惯；着重要求学生认识到贫穷、不平等、不公平等因素所引起的教育问题，促进教育的公平性，注重多元文化和社会正义。剑桥大学注重毕业生、在校生、用人单位的反馈意见，尤其是毕业生对所学知识和课程设置方面的意见以及用人单位对毕业生能力的需求等方面。萨克雷大学则是依靠特有的“本科行动计划”和“互联网＋教育”模式，打造从学士到博士的完整、连贯的科学化人才培养体系，促进多学科交叉协作，为学生提供量身定制的知识传授体系；依托信息化建设，利用慕课和在线课程等方式吸引更多的国际生源，提升学校的国际影响力。北京大学利用质量报告、座谈会、教学数据监测等手段，注重意见反馈，形成有针对性的整改措施；完善院系本科教学绩效评价体系，对院系年度教学工作进行相对客观的评价，引导院系提高教学工作质量。具体比较见表 2-3。

表 2-3　各大学教学质量提升措施比较

大学	质量保障措施	效果
北京大学	质量报告、本科教学绩效评价体系、社会监督、数据监测、毕业生和用人单位满意度调查	形成有针对性的整改措施 客观评价院系教学工作
哥伦比亚大学	学术评估、行政评估、社会监督、数据监测、毕业生调查和用人单位满意度调查	“自下而上”的评估制度 教育的公平性 多元文化和社会正义
剑桥大学	质量报告、评估报告、社会监督、数据监测、毕业生和用人单位满意度调查	“自下而上”的评估制度 充分发挥不同角色的作用
萨克雷大学	资源共享、信息化建设、“本科行动计划”、“互联网＋教育”、社会监督、数据监测、毕业生和用人单位满意度调查	完整、连贯的科学化人才培养体系 信息化建设效果显著 吸引国际生源、提升国际影响力

通过对四所大学教学质量提升措施的比较，我们可以得出，国外一流大学高度重视自我评估，建立自下而上的评估制度，能够更好地推进评估工作；依靠信息化建设和完善人才培养体系，广泛吸引国际生源，全面提升国际影响力，值得学习和借鉴。

2.1.3　国外一流大学内部质量保障体系认同度调查

哥伦比亚大学、剑桥大学和萨克雷大学作为美国、英国、法国国内一流大学的代表，高度重视教育的投资，其内部质量保障体系发展完善、成熟，在质量保障机构、质量保障制度和质量提升措施三方面各具特色。国外一流大学成功的经验和措施是否能够得到我国高等院校的认可，是否可以直接借鉴，需要进一步探索。学生是高等教育的受益者，教师是高等教育的主力军，管理人员是高等教育改革的先行者，面向高等院校的学生、教师和管理人员开展调查，有助于了解不同群体对国外一流大学质量保障体系的认同程度和需求程度，有助于分析国外一流大学质量保障体系是否适用我国高等院校。

2.2 中外一流大学质量保障体系对比的分析与启示

质量是全球高等教育发展的重要命题，科学合理的质量保障体系能够提升教育品质、保障教育质量和维持教育事业的可持续发展。我国高等院校无论是坚持“以本为本”，推进“四个回归”，还是构建与“双一流”建设相适应的“中国特色、世界水平”的高等教育质量保障体系，都应以习近平总书记在全国教育大会上重要讲话精神为引领，在现有的政策条件下，注重内部质量保障体系建设，借鉴学习国外一流大学成功的经验和措施，结合我国高等教育的实际情况，设立独立的质量保障机构，持续完善质量保障制度，建立多元化的教学质量提升措施，逐步探索和构建适合我国高等院校的科学、合理的内部质量保障体系。

2.2.1 中外一流大学内部质量保障体系的主要差异

2.2.1.1 管理制度的差异

国外一流大学中，教学地位十分稳固，学术权力主要掌握在教学和科研机构手中，学校各个层面充分认识教学质量的重要性，学校所有的工作都是围绕教书育人来进行的，行政管理部门主要处理教学和科研之外的事务，主要职能是服务和配合，充分地体现了大学的本质，即教书育人和科学研究。此外，国外一流大学的教育改革是自下而上模式，往往是由院系主导，进而往上推进，在学校管理和政策制定过程中，注重发挥教授的作用，教授可以决定人才培养体系、课程安排、科研项目等学校的主体工作。而我国高校内部管理中行政化色彩较重，教育资源配置权集中于行政部门，行政部门主导了学校的主要事务。

2.2.1.2　知识传授体系的差异

国外一流大学普遍强调创新教育、通识教育，在课程学习过程中十分注重多学科交叉以及国际化，鼓励学生选择适合自身的专业以及知识体系，强调调动学生的积极性和创造性；积极拓展课程资源，以“互联网＋教育”模式作为高等教育改革的战略选择，带动课程资源全球共享，吸引国际生源，提高国际影响力。而我国高校普遍重视知识传授，教学灌输的情况比较普遍，忽视了学生的创造性、主观能动性的发挥。

2.2.1.3　师资队伍的差异

国外一流大学有严格的教师聘任制度，在聘任资格、考核程序和教师比例等方面都进行了严格规定，竞争上岗，强化考核，施行淘汰制，保证教师队伍的良性循环，形成高水平教师队伍；绝大部分教师不仅仅拥有较高的学历及深厚的专业理论知识，还具备较强的教学能力和实践经验，能够在教学中更好地将理论与实践相结合。而我国高校教师虽然专业水平较高，但与实践联系较少，教学水平参差不齐，知识传授能力较差。

2.2.2　对我国高等院校内部质量保障体系的启示

2.2.2.1　设立独立的质量保障机构

对于我国高等院校来说，专职的质量保障机构和稳定的质量保障人员是非常必要的。目前我国高等院校虽然建立了质量保障机构，但绝大部分是挂靠在教务处等相关部门。因此，各高校应转变思想观念，重视质量建设，逐步建立独立的质量保障部门，保证足够且稳定的质量保障人员，统筹全校资源，全方位解读质量保障工作的内涵，及时关注国际高等教育发展趋势，全面落实全国教育大会精神，从顶层设计全校的内部质量保障体系，从宏观上控制学校教学质量工作。此外，我国高等院校中系（教研室）众多，是学院的基本组成部分，应当建立“学校—学院—系（教研室）”三级质量保障体系，充分调动二级学院和系（教研室）的基础保障作用，定期与教师和学生沟通，找出教学中存在的不足，提出整改措施，将全校质量保障工作纳入正规化、常态化。

2.2.2.2　持续完善质量保障制度

鉴于我国高等院校教学基本保障制度明确，教学运行基本稳定，在确保质量保障制度的基石作用前提下，不断加强特色制度的建设，全面提升教学质量。首先，建立明确的问责制度。根据校情建立多元化的教育问责内容和问责标准，基于内部问责发现和制约教学质量存在的问题，问责要涵盖学校的教育环境、教学条件、教育效果、教师队伍、学生学习等各个方面，仔细梳理学校质量保障工作流程，明文规定各部门职责，明确奖惩措施，建立自上而下的问责制度，使得全校的质量保障工作有序进行，力争质量保障工作由“被动”转为“主动”，做到依章办事，奖罚分明。其次，在教师支持和发展方面形成特色的教师制度。建立“学校—学院—系（教研室）—教师个人”整体协同发展模式，学校层面上，落实全国教育大会精神，回归本科教育，制定教学政策，切实保障所有教师参与本科授课，提高教授授课率，树立“以本为本”的理念，严格教师聘任条件，紧抓教师发展内涵建设；学院层面上，形成激励教学的整体氛围，落实教学相关政策；系（教研室）层面上，塑造学术自由与学术独立的精神，形成独立自由、协同探究与公平竞争的学术氛围；教师个人层面上，增强教师信念，强化自身业务学习，观摩优秀教师课堂教学，参加教育教学培训会，拓宽视野，加强交流合作，以提升教师教学水平。最后，积极探索校外专家乃至国外专家的合作制度，逐步建立校外专家制度，从评估、认证、考试、督导等方面充分发挥校外专家的教学热情，吸收先进的教学理念，不断进行总结回顾，进而进行整改反馈，以对教学质量的提升起到实质作用。

2.2.2.3 建立多元化的教学质量提升措施

鉴于我国大多数高等院校的自我评估时间间隔较长，自我评估大多以校内专家和行政人员评价为主、校外专家和学生评价为辅进行，国际化发展仍在起步中的现状，以提高教学质量为宗旨，贯彻全国教育大会精神，推进我国高等院校本科教学工作，从信息化和国际化发展方面确保教学质量提升措施的多元化。在自我评估方面，提高高等院校自我评估的主动性势在必行。高等院校以每1～2年为一个周期进行自我评估工作，由学校层面统筹安排，各个学院负责落实，各个教研室具体执行，全面贯彻“以评促建、以评促改、以评促管、评建结合、重在建设”的原则，使得学校的自我评估工作变成常规工作，在评估过程中广泛采纳师生的建议，聆听校内一线教师的心声，借鉴用人单位的意见，充分发挥不同角色的作用，建立“学校—教师—学生—用人单位”共同参与、相互制约的评估方式。在信息化建设方面，高等院校在学校网站建立质量保障平台，可以包含以下板块：本校内部质量保障体系构成及职能介绍、本校教学数据（每年及时更新）、自我评估介绍、委托社会中介机构对本校质量保障体系的审核结果、持续性改进措施及效果。建立质量保障平台的目的是使高校质量保障机构能够及时、准确地提供各种质量信息数据，进行数据分析，制订持续性改进措施，接受全校师生和社会各界人士的监督。在国际化发展方面，积极学习和借鉴“一带一路”的发展战略，加速推进双学位及学分互认，以及通过项目合作模式引入他国优质教育模式。

此外，整合校内专家资源，联合学校荣誉教授、客座教授，建立专家咨询组，提供国际化咨询与协助，制定国际化战略，积极建立“互联网＋教育”课程资源，打造具有高阶性、创新性和挑战性的“金课”，促进教育资源的国际化，扩大国际影响力。

通过国内外四所一流大学内部质量保障体系的比较，可以从以下三个方面借鉴学习：① 建立独立的质量保障部门，施行“学校—学院—系（教研室）”三级质量保障体系；② 建立问责制度、教师发展制度和校外专家制度等特色制度；③ 建立“学校—教师—学生—用人单位”评估方式、质量保障平台以及“互联网＋教育”课程资源等多元化教学质量提升措施。

2.3 国外大学教学质量保障体系对我国高校的启示

2.3.1 建立“内生型”的质量观

国外大学通常倡导“大学自治”“教授治校”的教育理念，学校对校内各项事务的管理相对独立自主，产生了根据本校的办学定位、管理特点、教学发展要求等制定学校的发展规划、培养方案以及各项管理规章制度的“内生型”的内部质量观。我国高校应依据本校的特点建立一套完备的内部质量保障体系，由学校独立负责建立、执行、监控、反馈以及改进，有利于学校根据学生、教师情况和管理特点来完善学校的质量保障体系，更容易追踪到质量保障体系每一个环节的工作，便于及时调整改进；同时，不用受到外加因素的影响，把提高学校的教育教学质量放在第一位，积极务实地提高学生的教育质量、教师的教学能力以及学校的管理。

2.3.2 建立高等教学评估中介机构

高等教育教学质量直接关系到施教者、受教者和社会大众的利益，所以，纳入更多的社会、政府力量参与高等教学评估对于当前高等教育的进步是非常必要的。以前单纯由政府来组织高等教学评估不能全面反映社会对教育的需求，也不能很好地发挥社会对学校的监督作用。因此，要发挥各个社会成分在评估中的作用，就要鼓励各类评审机构的发展，尽可能地利用各种社会团体、用人单位、学术组织的积极作用，使高等院校受到多方面评审。比如，可以通过组织或授权相关的中介团体，周期性地对大学办学质量进行专项评估或综合评估；各地政府也可以组织当地大学之间进行互相检查评估。政府要承担起正确指导与政策帮扶的作用，把握好指导但不完全管控的尺度，使评估机构在合法范围内享有充分的权益；评估机构要在吸收高校参与教育评估意见的前提下，保证评估过程的合理与透明；高校要通过参与评估活动，发挥评估的积极作用，逐步提升办学质量。只有三方明确定位，充分承担各自的职责和义务，我国高等教育才能持续、稳定地发展。我国高校“行政化”较为严重，但是直接“去行政化”可能会使教育部门和高校的工作陷入混乱状态，所以“去行政化”是需要有过渡期的。建立中介机构的好处在于，政府仍然对高校的政策方针具有指示权，可以间接地管控高校，但又给高校自主管理的权利，让学校能够依据自身的办学定位、教学特点管理学校，避免不同类型人才过剩或过冷。同时，提升学校教授的地位，让真正参与教学一线的教授参与学校的治理，提高学校的教学质量。作为第三方机构还应该做到公平公正、不偏不倚，提高高校质量保障工作的效率和透明度。

2.3.3 推进高等教学评估多样化

随着我国教育体制的不断完善，提升高校教学水平成为现阶段教育事业的重中之重，而完善教学评估体系的建设，是督促高校教学水平提升的关键。为此，需要配备评测内容合理且广泛的教学评估系统，以审计、评估与合格为基本要素成立教学评估体系。

对于重点院校，可以用质量审计对学校的教学水平保障体系进行评估，即对学校自身的监督系统进行检查与评估；对于中档院校，可以采用现行的质量考核规范对学校进行评估；对于新建院校，由于办学时间不长，可以适当放宽标准，进行质量合格评估。这样分三个标准进行分档次评估，可以充分发挥各高校的办学特色和优势。我国现行的高等教育评估类型较多，但各类评估标准存在着很多重复内容，因此，现在首要的工作是要平衡和归纳各种评估方式，确保高等教育考核指标的标准化、规范化和合理化。其次，要为适应教育改革的新形势不断优化评审准则，确保评审标准的全面性、特殊性和分类分级。在制定评估标准的同时，既要考虑到内容的涵盖广度与灵活度，又要考虑到内容的特殊属性与原则，避免评估走向“标准化”老路。

2.3.4 建立校外专家参与教学质量监控的机制

邀请校外的学术专家参与校内教学质量保障工作，使专家可以发挥其指导作用是极其重要的。首先，聘请的校外专家需要了解学校的管理现状和特点，这样在为学校提出指导意见时会更有针对性和有更大的帮助，从而真正使学校的教学质量得到提高。其次，邀请的校外资深学术专家能够从另一个角度对学校的教育教学提供有效的建议，这会从根本上提高学校的质量保障工作。

2.3.5 建立完备的课程管理模式

我国高等院校应建立一套完备的课程管理模式，从课程方案开发、审批、规划和设计到课程方案的管理和评估，每个方面都有学校制定的标准。学校开设一门课程时，首先要向相关专业和认证机构咨询，并且向利益相关者进行调查；其次要考虑开设课程与现有课程的交叉重合度及开设的必要程度。在课程教学过程中，既要重视学习过程，又要重视学习结果，要让学生真正参与课堂，学习到知识。各高校之间，可以尝试建立同等级高校的联盟，同等级高校的学生可以交叉选修课程，从而为学生学习不同学校不同专业提供机会。这一举措同时可以带动高校“学分银行”的建设，同等级高校共同商议设置学分规则，建立统一的学分执行制度，使各高校实现学分互通，同时有利于高校联盟的持续发展。科学、合理的课程管理有利于提高高校的教育教学质量、教师的专业教学能力、学生的学习兴趣以及课堂教学成果，对于高校培养高质量的人才有积极的促进作用。

2.3.6 健全高校学生反馈机制

在教育教学活动中，学生作为承受主体直接参与教学活动的各环节，是学校实施各项政策的直接参与者，所以学生在教与学过程中有着举足轻重的作用。高校应健全学生反馈机制，将“尊重学生的意见”在学校的各项政策中有所体现，做到学生有权发声、有处发声、有“法”可依。高校应注重学生在教与学过程中的主体地位，为学生提供可以直接与教职人员对话的机会，教职人员应定期与学生会面，倾听学生的诉求。学校应让学生参与课程规划、进行和评价，及时反映课程教学中遇到的问题，帮助课程质量的提升。学校还应提高管理部门工作的透明度，使学生在教学过程中遇到任何违规行为都可以向有关管理部门提出申诉和上诉，并且要制定一系列完备、正规的上诉规则和流程，真正做到有效保障学生发声权益。

2.4 完善大学教学质量保障体系运行机制的对策建议

通过对大学本科教育内部质量保障体系各个子系统的职责功能、运行机制的分析，发现其运行中存在“运行机制尚需完善”和“运行机制效率有待改进”的问题，并围绕这两个方面的问题展开了原因分析。本节将这两个方面的问题综合在一起，提出适应性的解决对策，力求为大学本科教育内部质量保障体系的优化提供参考，相关建议包括以下几个方面。

2.4.1 充分发挥督导监督优势，提高教学质量监控运行效率

高校应将教学质量监控责任重心下移到教学督导中心，允许其他部门参与监督。现阶段高校的教育质量监控要稳定、良好地运行，需要教务处来具体执行，但教务处人事编制不足、监控任务繁重，使得质量监控效率偏低。教务处下属的教学督导中心是一个可以将监控管理与实施重心下移的组织，扩大教学督导中心的人数，可以有效地完成监控管理的任务，有利于增加教学质量监控的反馈、统计、分析、协调等工作。与此同时，教学督导中心应允许其他部门人员共同参与监控，保障监控的客观性。对于社会监控，应细化教育管理部门文件规范，提高社会监控的成效。当然，这样做并不意味着教务处对教育质量监控不管不问，而是将教务处由实际执行层提升到管理层，在人事编制有限的情况下，通过对督导中心的管理，可以更好地检查质量保障体系的各个环节，逐步优化监控和解决问题，并建立常态化的教学质量检查机制，定期查看各方对教学质量的意见和建议，确保质量监控的运行效率提升到较高水平。

2.4.2 加强教育信息化建设，完善信息管理人员进修与引进机制

高校应统筹各部门建议，开展全面教育信息化建设。由学校领导牵头

召开各部门教学信息管理会议，全面了解各部门的实际教学管理需求及其教育信息化建设状况，汇总意见和建议；然后再次组织教育专家、计算机专家、网络专家、各部门负责人，开展全新的教务管理系统的顶层设计与研发，保证该系统既能兼容各部门分散的信息化系统，又能协调整个学校的教学管理事务快速运转。更为重要的是，在教务管理系统实际运行中，逐步取代各部门现在运行的分散的管理系统，使得学校教务系统真正做到全校教学管理一体化、集成化。高校教务管理系统在设计与研发过程中要保证组成要素的规范化，具备可及时更新的特征。

高校应增强对教育管理人员的培训，给他们提供深造机会。面对忙碌的日常事务，教育管理人员没有时间进行自学，导致其现代管理理念不足、管理水平不高。对此，学校需要制定继续教育规范，定期聘请校外管理专家在学校开展现代教学前沿管理培训，提升学校管理人员的管理理念和管理水平。另外，定期派出人员到其他高校进修，弥补自身教育管理知识的不足。面对教育管理变化需求，适当引进计算机管理人才，提升教务系统的功能和适应性，使教务系统具有教学管理与计算机研发的双重能力，保障教育管理信息的日常运行与更新。

高校应根据实际教学需求，加大教学硬件和软件资金投入。学校应该加大对教学硬件和软件的资金投入，但是这并不意味着一味地购买硬件和软件，而应该调查统计实际需要的硬件和软件的数量和价格，从学校实际教学的需求出发进行购买。学校应建立教育管理信息化建设的规范标准，保障资金投入的长效机制，有效改善学校教学管理硬件与软件的信息化建设。

2.4.3 优化教师队伍建设，完善人才引进措施

高校应在全校教职员工心中树立人才是学校的第一资源观念，实施引进人才策略。首先，深化人事制度综合改革，激发师资队伍的活力和创造力，满足学校事业发展需要。对学校师资建设情况，学校事业发展、学科发展和人才培养要求进行教师队伍的规划和布局，明确各学科教师队伍建设目标，细化数量、结构、层次目标等，努力扩大教师总量。其次，加强学院人才引进的目标考核。完善“一把手”责任制，加大对学院人才引进的激励力度，发挥学院主体作用。第三，加大引进人才标准审定和引进人才学术评

价，稳固推进人才建设水平的高层次化。第四，完善国内与国外人才引进措施。根据学校实际需求，加大人才引进力度，发挥人才优势，带动学科发展。同时，加大引进具有国外背景的人才，为学校师资队伍建设融入新的动力，推动学术研究与学科发展。

2.4.4 提升反馈效果，优化质量改进机制

高校应扩大督导队伍建设，注重专业结构发展。督导信息反馈是非常重要的教育教学反馈手段，督导人员基本来自学校的退休人员，非常熟悉学校的教学理念和课程安排，能够有效地给出教学中课程的不足及修改建议，但是人数的不足限制了其信息反馈的全面性。学校应加强督导队伍建设，增加督导人员人数，确保其建议具有全面性。在督导人员人数增加的同时更加注重其知识结构的建设，确保各个学院都有熟悉相关学科发展的督导人员，以保障学校各学科建设的综合性、全面性。

高校应组织宣传与培训活动，提高学生对评教的认识。对于大部分学生而言，学生上课就是为了学习课程，并不能从学科建设与发展的角度去审视这门课程，导致评教态度不够端正。对此，学校和学院可以通过召开会议、讲座等引导学生全面、正确地认识评教的重要性与必要性，充分调动学生参与评教的积极性。与此同时，学校应建立学生评教标准，把评教过程量化，使得学生在评教过程中有参照的指标，降低学生评教的随意性，这有利于评教结果的有效性。

高校应建立多层次的毕业生联系渠道，提高信息反馈的有效性。首先是学生层面，在学院办公室登记毕业生联系方式及用人单位信息，若收到毕业生联系方式的更换信息，及时更新毕业生联系方式。其次是学生家长层面，一般而言，学生家长的联系方式是不会轻易变更的，在学生毕业前，记录好家长信息，有利于联系到学生本人。再次是学生与老师之间，针对学生毕业后还有与老师联系的习惯，通过任课教师的联系渠道，可以获得毕业生的反馈信息。然后是学生与学生之间，通过一部分学生联系另一部分学生的方式，使得学生之间的联系更为紧密，通过 QQ 群、微信群的建设，可以有效保留大部分学生的信息，容易联系到学生本人，进而获得信息反馈。最后是用人单位、人才市场、政府部门层面。

2.4.5 建立外部机构协助评估与诊断机制

高校自身的教学质量评估与诊断大多是基于学校内部的专家，视野聚焦于学校内部，评估与诊断结果的客观性往往受到外界质疑。为此，需要建立外部机构协助评估与诊断机制。而如何选择外部机构成为一个难题，因为这个机构必须了解学校各个学科领域的发展状况，同时了解其他相关高校的状况。这需要高校与外部评估机构建立长期的合作关系，需要在学校教学质量保障体系中建立外部机构评估与诊断机制，可以将客观的评估与诊断结果与学校自身教育成果相结合，有利于教学质量保障体系的不断优化和完善。

2.4.6 完善教学课程结构体系建设

高校应合理搭配课程结构，专业主干课程应集中授课。在学校规定学生需要选修各类课程的框架下，合理搭配公共选修课、专业核心课、专业选修课的课程比例。对于专业主干课程采用集中授课，减少非主干课程中的专业课占比；同时，增加开设学科前沿课、科研专题课、专业实践课等课程比例，建设新增学科专业支撑课程。新增学科应该以大学科为基础，按照学科专业类进行专业课程设置，明确需要讲授的专业核心课程，确保新增专业的课程设置能够支撑该学科的背景理论，不脱离该学科理论体系，促进新增学科专业的发展。

3

基于国家标准的工科专业教学质量提升研究

通过面向应用型本科教育的教学改革，突破传统教学模式，更新教学理念，加强师德建设，增添与现代科技发展相适应的新教学内容，采用灵活多样的教学方法及多元化的教学手段构建适应市场及经济发展需要的教学体系，提高教学质量，强化创新能力，提高专业素养。

3.1 高校教学质量现状

作为培养高科技人才的主要场所，高校不断加快发展速度和完善管理方式是提升其教学质量的主要途径。现阶段我国本科教学质量处于缓慢发展时期，其主要原因是教育方式和教育过程的复杂性和多样性，致使各种影响因素对高校教学质量的提升造成冲击。随着高等学校学生学习质量、教师教学质量、课堂教学建设等问题日益突出，如何妥善处理影响教学质量各因素之间的关系，进一步提升高校教学质量成为现阶段各高校努力的关键和方向。

3.1.1 课程教学现状及存在的问题

教学质量既与教师有关，也与学生有关。通过分析对部分教师及学生的调查问卷，可以认为目前高等工科院校的教学现状及存在的问题主要表现在以下五个方面。

（1）部分教师在教学中缺乏敬业精神

教师在教学中能以学生为主体、关心学生，注重言传身教、教书育人，有敬业精神的偏多；在教学中能保持仪表端庄、精神饱满、声音洪亮、富有感染力的任课教师占多数。但仍有一部分教师缺乏敬业精神，教学热情不足，教学水平较差，投入教学的时间和精力较少。在教学过程中，部分教师只专注于对学生传授专业知识，而对培养学生的实践应用能力、创新设计能力、合作交往能力、表达能力等重视不够，满足不了学生的学习要求，与达到理想教师标准尚有一定的差距。

（2）部分教师教学水平有待提高

多数授课教师在课堂教学中能把基本知识点解释清楚，能够做到突出重点、化解难点；但部分教师的授课基本功较差，教学水平有待提高，教学设计不完善，缺少课程导入环节，课程重点不突出；只有少数的教师在教学中能够做到经常启发学生思维，培养学生解决问题的能力，因材施教，注重教学反馈，调控课堂气氛，与学生进行互动。有的教师讲课生硬死板，缺乏课堂管理经验，授课没有吸引力，导致学生上课注意力不集中、课堂纪律差甚至缺课。当今时代知识更新日新月异，但部分教师的教学方案数年不变，与社会人才市场的需求严重脱节。

（3）部分教师在及时更新教学内容、理论联系实际方面有所欠缺

近年来，高校教师的学历、学位在逐渐提高，他们普遍具有扎实的理论知识功底，这使得他们在授课过程中过分侧重学科理论，轻视学生的工程实践训练；过分重视专业知识的传授，轻视学生解决问题能力的培养。而学生把主要精力放在考试上，有意无意忽视了实践技能的锻炼。由于高校在培养方案制订中压缩了课程学时，使得新知识难以扩充到教学中，教学内容得不到及时更新，紧跟学术前沿的新成果及学科新动态内容相对欠缺。部分教师对实践教学环节不够重视，造成学生难以将学到的理论知识应用到实践中，从而导致学生就业后对工作上手较慢，对生产环境不适应，动手能力较差，不利于学生的长远发展。

（4）部分教师教学方法单一

部分教师在授课中始终处于主导地位，向学生灌输知识，这样很难调动学生学习的主动性，不利于激发学生的学习兴趣，更谈不上培养学生的创造性思维能力。在课堂教学中，教师的教学方法是学生直观感受最直接和最强烈的，如果教师只采用单一的讲授法，一味地进行枯燥的理论知识介绍，就会使学生逐渐形成厌学、怕学的情绪，使理论知识与实践技能达不到相辅相成、互相促进的教学效果。很多教师重理论、轻实践，使课程实验、实训环节在整个教学中处于相对薄弱地位，不利于学生动手能力与自主创新能力的培养。部分教师没有充分利用现代化教学资源和现代教育技术，教学手

段单一，教学模式无法实现教与学的互动。

（5）教师的教学工作没有得到足够的重视

近年来，我国高校对教师的各类考核评比都尽可能地进行了量化，这些措施激发了教师的工作热情，因为“数字”背后就是“成就”和“利益”。当前某些高校特别是理工科大学把科研放在了教学之上，使高校教师育人为本的理念发生偏移，对教学重要性的认识不足。部分教师把教学工作当任务来应付，而不是当事业来完成，这与学生迫切需要的理想教师的差距不言自明。

基于上述问题，我国高校必须进行必要的调整和改革，以使人才培养具有更强的针对性，满足社会实际需要，实现学生知识、能力、素质的协调发展。

3.1.2 学生学习质量

对于高校来说，学生的生源质量是进行一切教学活动的基础，也反映着一所学校的综合实力。1999 年以来，随着高校的不断扩招，学生入学率逐年提升，但生源质量却大不如前，不少学生在高中时知识储备匮乏，进入大学后其能力提升空间十分有限。

高校的管理方式和教师的教学模式与高中完全不同，学生可以自由支配的时间更多，面对各项诱惑的机会也更多，不少学生学习态度发生转变，抱有“六十分万岁、多一分浪费”的侥幸心理，不能静下心来学习、钻研知识，而是肆无忌惮地享受大学的自由时光。知识的积累是一个漫长的过程，需要人们去刻苦地学习、认真地思考、不断地总结，才能真正有所收获。然而得过且过的学习态度是极不利于学生对知识的掌握和能力的提升，进而严重影响高校整体教学质量。因此，提高学生学习质量是高校整个教学管理活动的核心。

3.1.3 教学管理质量

当前，我国高校的教学管理模式是以管理者为中心，对学生有细致、规范的奖惩管理措施，学生处于被动地位，单纯被看作管理对象而不能彰显其意愿及个性，在学校管理方面很少有话语权；这种管理模式也体现了高校统一、刚性和缺乏灵活性的教学模式，学生们学习相同的课程，以同样的进度毕业，而且，专业设置过多过窄，知识结构单一，不考虑学生的实际需要，忽视了以毕业为导向的管理理念；这种管理模式在学制上也强调正规化和整齐划一，学生个性和特长受到压制。

高校制定的教学管理方针、制度中坚持“以学生为中心”的教育理念体现不够充分，学生自主选择权不被重视的情况比比皆是，主要体现在两个方面：首先，学生对当前所学专业不满意。挤过高考独木桥进入高校后，学生想转专业的情况经常出现，转专业的理由多种多样，有对自己填报志愿所选专业不感兴趣的、有希望能够接触新专业领域的、有追求当下热门专业的等等。但很少有学校允许学生自由转换专业，有的学校尽管同意学生转专业，但在名额、成绩、时间、费用上有一定限制。在这方面高校的教学管理制度应有所完善，深入了解学生情况，适当放松限制条件，开放专业选择，做到以学生为本。其次，学生自由学习受限。在选课过程中，学生受老师观点影响较大，可能会出现选课扎堆现象，甚至会出现班级所有学生选择同一门课程的情况。另外，在课程设置方面，学校由于自身原因开设选修课程数量不足，导致学生自由选择空间不大；在课程资源方面，部分高校鉴于自身教学资源有限，以各种方式开展高校校际合作，进行课程互选与学分互认，这种校际互选方式在一定程度上给予学生更大的选课自由，但还需要教学管理制度的配套和完善，继续在选修课方面给予学生更多的选择空间。

坚持“以学生为中心”的教育理念，提高高校教学管理水平，进而促进教学质量整体水平的提升是当前普通本科高校发展的着眼点和立足点。

3.1.4 教学评价质量

高校在进行教学评价时，主要评价对象是学生和教师。首先，在对学生评价上，评价形式较为传统，主要是以学校发放试卷、学生作答试卷的考试形式展开；评价内容单一，多重视学生对教材知识的掌握程度，忽视对其实际操作能力的培养；评价标准主要为相对评价和绝对评价两类。在我国的传统教学评价中，大多采用绝对评价标准，也就是学生在评价过程中必须要满足某种要求。这种评价方式和理念大都用于划分学生学习的优劣，考试分数高、熟记较多理论知识的学生就是优等生，相反，考试成绩差、不能完全记住和理解书本知识的学生就是劣等生。这一评判标准可能会严重打击学生的自尊心和自信心。其次，在对教师的评价上，最常见的评价形式就是学校组织督导专家进入课堂对教师进行评价。这一评价方式忽视了督导专家只是某一领域专家的事实，由于课程的差异性和多样性，督导专家不可能对各个领域都精通，所以在听课时对授课教师教授的理论概念和知识点是否准确、合理并没有太大的话语权；另一种常见的评价方式是学生评价，事实上，大部分学生在对教师评价时并不真正理解自己所做的评价意义何在、可能会对老师有怎样的影响，评价打分完全凭感觉、随意性很大，喜欢的老师就给打高分，不喜欢的老师或者挨过老师批评就给打低分等，在一定程度上用于评判教师水平的意义不大。

高校开展教学评价是为检验其教学效果，以利于学生、教师和学校及时掌握学生学习动态，对于有较好效果的学习、教学和管理方法继续巩固，而对于效果不好的也要果断进行调整。教学评价是提升学生学习质量的主要途径，学生学习质量的提升也是教学评价的主要目的之一。

在高等教育教学目标的指导下，教学管理、课堂教学、教学评价各部分形成了以学生为中心开展各项活动的互动关系，其中教学管理是培养合格学生的重要保障；课堂教学是学生学习知识的主要途径；教学评价是提升学生学习效果的重要手段。各组成部分有效结合，共同发展，对学生学习质量的提升将有事半功倍的效果。

3.2 高校教学质量主要制约因素分析

从我国高等教育教学质量发展的总体情况来看，教学管理是提高教学质量的基本保障，课堂教学是保障教学质量的主要途径，教学评价是提高教学质量的重要手段。

3.2.1 学生因素

受我国传统教育观念的熏陶，中小学学生无论是在校园活动中还是在课堂学习上，都以服从管理和被动接受为主，主体意识不强。因此，在进入大学后，面对学校“以学生为中心”的教育教学模式，让学生参与管理和发挥主体作用，学生难免会出现不知道自己想要什么、应该怎样参与管理的尴尬情况。

3.2.2 教师因素

师者，所以传道授业解惑也。教师要为学生授课，首先要有较强的语言组织与表达能力。教师在求学阶段接受过专业的教师培训，学习过教育学、心理学等相关专业知识，了解学生的身心发展情况等，这对于他们进入高校开展教学工作有极其重要的作用。但现阶段进入高校的教师大部分并非来自师范院校的师范生，高校在招聘教师时青睐于那些来自“985”“211”的高才生，而这些人大都没有接受过专业的教师培训，只是在理论知识、科学研究等方面较为擅长，如果让他们给学生授课，可能会出现茶壶倒饺子的尴尬现象。其次，高校教师队伍还不能完全满足扩招后的教学需求。在大学里，学生对课程种类的需求较中学时代明显增多，高校所要开设的课程门类有几百甚至上千种，其对教师的需求大幅度增加，极易导致有课无师的现象出现。很多教师跨专业代课，有些课程可能与教师所学专业相近，但有些课程完全是另一个专业领域，教师只能利用休息时间粗略准备教学大纲与备课笔记，仓促上台讲课，这样既不利于教师对自身专业的钻研，也不利于学生学好相关课程。最后，对教师的课堂教学质量、科研能力、实践教学能力等的侧重点有所不同，现阶段高校对于教师管理的相应激励政策还不够完善，单从学生学习成绩出发判断教师教学质量好坏的现象屡见不鲜。

3.2.3 高校教学管理

3.2.3.1 管理观念滞后

高校的教学管理活动主要包括教学大纲、教学内容、教学方法的制订、调整和改革；课堂教学的管理；实验实践课的管理；课程与论文（设计）；科研训练；课外学习考察活动的管理等。

高校教学管理观念对规章制度的实施具有导向作用，而制定和完善各项规章制度是保障学校教学工作的行动指南，同时确保在教学管理中各项工作有章可循。准确、及时地转变教学管理观念，不断总结教学管理经验，在教学管理过程中探索好的方法，做到扬长避短、稳步提高。发挥教学管理观念在提高高校教学质量方面的积极作用，进而为高校更好地制定和实施各项规章制度提供理论和实践支持，促进高校人才培养质量的提升。

随着国家经济体制改革的推进以及高校规模逐渐扩大和学生人数迅速增加，之前学校制定的规章制度、培养目标等已经不能满足现阶段的要求，渐渐跟不上时代的步伐。而且，受计划经济观念的影响，学校与学生之间的关系被默认为管理与被管理的关系，在这种关系中建立的管理体制存在缺陷，学生的利益诉求体现得不明显。其中在教学管理中对备课、上课、考核、教学研究等的安排不够合理，有时候只是行教师、学校之方便，并未征求学生的意见；对教师的管理和考核过于重视教师科研能力，而对教师教学能力有所忽视；在“以学生为中心”的教育理念中，充分发挥学生主体作用的效果不明显。

3.2.3.2 管理职责不清

在高校各管理部门中，相互交流、合力发展的理念不够，反而事不关己、高高挂起的态度更多。首先是学校教务处，它是学校教学管理指挥中心，发挥着上传下达的重要作用。对上级领导，教务处需要发挥职能作用，加强和落实学校各项教学管理办法，提出教学质量管理建议和教学改革设想，并如实反映教学质量问题，以便于学校能够做出合理、科学的教学质量管理决策。对学校各学院，教务处是一个专门机构，担负着全校教学质量管理的关键责任，主要负责制订或修订学校教学质量管理计划和培养方案，定期开展教学调研调查，组织教学质量评估和检测，并积极落实和实施相关教学政策。现阶段在高校教学管理实践中，教务处并未充分发挥其价值，在制定本校教学计划、培养目标等的过程中，忽视了自身存在的问题以及拥有的独特地理环境和发展特色等，对于教学质量管理办法的落实和实施也不彻底。

高校各学院的主要职责是在学校人才培养目标和教学质量标准的大方向下，结合本学院专业特色制定和完善相关培养计划，逐步落实、不断检验计划的实施效果，积极进行教学基础设施建设，以达到各专业教师认真负责和学生健康发展的良好教学效果。学院对系与学校的联系发挥着桥梁作用，但大多数情况下这一作用未得到充分发挥，各学院关门做事的现象比较严重，导致各系师生对学校的发展目标等了解得不够透彻。专业系的教学管理在提高教育教学质量的过程中发挥着重要作用，主要体现在人才培养、科学研究及社会服务等方面。各系主要职责是在学校和各学院教学质量管理目标的指导下，对本专业的课程实施和相关教学环节进行高效的质量监督，包括专业改革、课程建设、教材选择、教师业务培训和继续教育、学生学习指导和毕业生追踪调查等。但是很明显，在高校中很少有学院和系能够在教学质量管理过程中将这些职责完成得很好。

高校管理部门缺乏全面质量管理理念，忽视了高校作为一个整体在进行教学管理过程中应该实施的是可以使全员充分参与的全过程质量管理，而不是各家自扫门前雪的狭隘行为。

3.2.3.3 资源配置效率不高

经济学领域中，配置效率指出在投入不变的条件下，资源如果能够优化组合和有效配置，其使用效率就会有所提高，产品数量也会随之增加。资源配置是否合理，对国家经济的发展有重要影响。同样在高校中，合理配置教学管理人员也是提高教学质量的重要措施之一。高校在对人的管理方面，存在教师、教学管理人员的职责和权力划分不够清晰的现象，有一职多管的岗位，也有无人问津的部门；在对物质资源的管理上，对一些资源的利用率和关注度有待进一步提高。

高校教师、教学管理人员对学校的整体发展和贯彻落实“以学生为中心”理念、积极促进高校教学质量提升具有重要作用。但现阶段，我国高校教师、教学管理人员的敬业和服务意识还有待提高，主要体现在：对职责范围内的工作不思进取、安于现状；将自己定位为学校的主人，理所当然地认为学生只是来校求学的外人等。这些思想观念严重影响着高校教育教学发展的效率和水平。

3.2.4 高校课堂教学

3.2.4.1 教学观念落后

人本主义教育理论强调对学生情感体验和个体价值实现的关注，注重师生间的个体互动、情感交流和学生自身的创造活动。现阶段，高等教育的传统价值观和教学观仍处于主导地位，重视促进社会进步与学科发展的价值（即外在价值），践行的是功利主义的教学价值观，忽视了学生作为一个有着复杂心理活动和内在追求的个体的价值选择，学生的非智力因素发展被排斥和否定。从教学的角度来看，传统的教育观念不是“以学生为中心”而是“以知识为中心”，致力于为学生提供日积月累的知识，对于学生的真正需要和接受情况却不做过多考虑，这极易造成学生对教师教学的不满和排斥。显然，无论是“以知识为中心”还是“以教师为中心”，都是不利于学生发展和高校教学质量保障体系建设的教学理念。教师的教要关注学生的学习需求、特点、想法和建议，为学生的学习和发展提供多样化的支持，给学生提供较大的学习自主权和自由空间。然而，大多教师是用“模式化”的教学方式对待所有学生，像工业生产一样规格化、批量化地培养学生，没有明确将“以学生为中心”作为教育教学的重要组成。在这种情况下，学生的独特性和多样性很难保持和存在，学生的发展和提升更是无从谈起。

3.2.4.2　教学方法单一

人本主义教育理论强调，学生应该处于具体教学活动的中心地位，各项教学活动应该紧紧围绕提高学生自我能力而开展。

目前，教师在课堂教学中普遍使用单一灌输式的教学方法，对教学内容、组织形式等做出“一元化”的选择并将选择结果强加给学生，学生没有选择的自由和机会，只有一味地去适应。这种教学方法表现为：教师无所不知，是不变真理的化身，学生一无所知，只有被动地接受知识；教师思考，学生没必要思考，一切由教师作主；教师为了教学方便，制定各种规定和要求，采用单一的教学方式；教师在整个教学过程中处于无可争议的统治地位，学生则成为被动的客体，教学成为教师对学生的单向灌输的简单过程，不能调动学生的学习主动性。

灌输式教学极不利于学生的成长和发展，严重违反了人本主义教育理论提倡的教学多向的对话过程，禁锢了学生的创造欲望，限制了他们想象思维的发展。灌输的知识越多，学生越缺乏批判意识、主体精神和创造性思维，这对作为高校利益相关者中的核心利益相关者——学生是不公平的。

3.2.4.3　教学内容陈旧

在教学上高校突出以教材为中心、以学科为中心、以课堂为中心，教学内容大部分是经专家学者多次研讨最终选定的，课堂上使用的教材的内容大都是高度凝练、逻辑严谨、沿用已久的权威内容，学生主体性的介入反而显得多余或不允许；教材更新速度相对落后于科技发展的步伐，甚至教材用上数年至数十年的现象屡见不鲜。

3.2.5　高校教学评价

3.2.5.1　高校教学评价以评教为中心

高校教学评价是指在教学活动实施过程中依据一定的教学目标和价值标准，采用科学的评价方法和有效的技术手段，判断高校的教学活动的成果和价值，以达到提高教学质量的目的。

高校教学评价工作更在意的是满足外在的要求，却忽视教学质量的内在效度，即学生的成长和发展。在评价视角上，现行评价指标体系多关注对教师行为和教学规范的评价，忽视了对学生学习的评价，真正评价学生学习的指标如学生的个人学习投入、学习过程、学习最终实际效果等指标未能得到足够的重视。在院系教学评价中，材料齐全、管理规范、积极争取到项目和资源似乎更能代表院系教学的好坏。学生的学习过程和质量、对学生学习的评价及反馈、教学方法的改革等，这些与教学质量更相关的内容往往被忽视。在学生评教中，评价指标体系多为评价教师的行为表现，而忽视了学生的学习过程和效果。

我国高校对优秀教学的界定大多是教师"教"得怎么样，而不是学生"学"得怎么样，高校教学评价关注较多的仍为管理规范、教师行为等，对学生的学习关注还不够。

3.2.5.2 评价环节中学生地位不突出

高校号召学生积极参与高校教学评价，既有利于教师真正把学生看作教学的主体，也有利于学校在进行教育教学活动中更加注重"以学生为中心"。这在一定程度上也可以调动学生参与学校开展的相关教育教学活动的积极性、主动性和创造性，发挥其作为高校核心利益相关者的重要作用。而且，完善的学生评价也是促进高校教育教学改革、提高高等教育质量的有效手段。

从当前高校对学生开展的学业评价实践来看，对于学生学业的评价者大多是学校老师和相关管理者，学生作为评价者参与评价的机会很少。在教师和管理者们看来，学生是知识的接收者，是被测评的对象，至于该怎样进行评价，应该注意哪些方面，还未形成系统的概念。这一观念存在的根源在于，高校教育教学管理人员并没有把学生看作平等的教学参与者、教学的主体和学校的主要成员。进入大学接受高等教育的学生已经成年，他们都是富有热情和活力、文化程度高、社会责任感强的独立个体，有能力参与学校组织开展的自我评价和互评。但现阶段高校教育教学的管理者和实施者尚未真正意识到，或者即使有所意识，也没有将学生充分参与教育教学评价这一想法很好地落实。

高校应该密切关注学生的需求，让学生参与教育教学评价过程，使被测评者成为评估的主体。这将有利于被测评者克服心理障碍，保护他们的自尊心和自信心，从而消除评价过程中产生的对立情绪，提高评价结果的客观性。

3.2.5.3 评价方式和内容过于片面

目前我国高校对学生学业的评价仅限于通过期末考试做出价值判断，重点是关注学生的卷面成绩。这种使用同一张试卷测试具有不同个性特征的学生的评价方式，简化了对学生的学业评价。

在评价内容上，多重视学生对教材知识的掌握，忽视了对学生社会经验及实际操作能力的培养，甚至偏重于对教材知识的死记硬背。学生可以在短时期内通过记忆特定知识点取得较好的考试成绩从而受到奖励，但同时可能失去更重要的东西，如高层次的创新能力及逻辑思维的发展。

目前，形成性评价已经受到一定的关注，但由于师生对形成性评价缺乏全面的认识，在实施过程中往往会有所简单化，学生的课堂表现和作业完成情况作为形成性评价重要组成并未得到足够重视。除了一些课程如外语和全校性公共课由全国或者全校统考以外，其他大部分课程的测试题目都由该门课程的主讲老师自己编制，其中大多数教师未接受过专门的指导和培训，很难保证测验内容的科学性和有效性。

高校教学评价方式和评价内容更有利于学生对老师考前所划考试范围的突击性学习，通过机械记忆，考试时再现所学的内容，单一片面性严重，忽视了对学生独立思考能力的培养，使学生缺乏对相关知识系统、全面的把握和理解，学生学习的积极性受到负面影响。

3.3 提高高校教学质量的策略研究

3.3.1 适应时代需求，确立教学目标

高等工科教育肩负着为国家经济建设培养应用型工程技术人才的重任，因此在教学中应突出学生实践能力、应用能力、创新能力的培养，使学生具有合理的、较为宽泛的专业知识，具备分析工程技术问题的理论基础，获得运用所学知识解决生产实践问题的能力，初步学会项目研发的思维方法，并关注科学技术发展的最新成果，以及对社会经济发展的影响。

3.3.2 加强师德建设，树立优良教风

在教学工作中，加强师德建设是提高教学质量的关键性环节和最根本的保证，因此学校必须突出师德教育，把师德教育放在教师队伍建设的首位。高校教师必须加强师德修养，热爱教育事业，树立正确的人生观和价值观，有强烈的事业心和责任感，树立优良教风，全身心地搞好教学工作，认真学习教育

理论、师德规范和先进典型的事迹；要以身作则，以优良的思想品德在学生中起典范作用；要具有职业荣誉感，把教学工作当作一项事业来做；要培养学生热爱所学专业，热忱地投入专业学习，在学习过程中获得广泛的收获。

3.3.3 把握学科发展前沿，更新教学内容

教师在教学中必须注意不断吸收科学技术发展的最新成果，凝练国内外学科发展最新动态中的新知识、新进展充实到教学中去，扩大学生的专业视野，拓展学生的知识面；进一步优化课程体系，建立一套适应性强、全方位、立体化的教学体系，集理论教学、实验实践操作、创新创业训练、产学研等于一体；在教学中要注重理论联系实际，训练学生解决实际问题的能力，加深对理论知识的理解。

3.3.4 采用灵活多样的教学方法和多元化的教学手段

高校教师在课堂教学中要注重教学方法的多样性，采用灵活多样的教学方法，如案例教学法、模拟训练法、讨论教学法、项目训练法和问题探究法等相结合，从而提高学生理论联系实际的能力，加深对理论知识的理解和掌握，培养学生的创新思维能力，训练学生的自主学习能力。

高校应该在传统教学的基础上，加强多媒体辅助教学方法的研究，采用多元化的教学手段。在教学中，针对不同的教学内容，多媒体教学与传统教学应有机结合；在课堂教学中，辅以板书讲解、多媒体动态演示来强化重点知识，这样既能调节讲课节奏，又增加了课堂教学的信息量，丰富了教学内容，拓展了专业视野，活跃了课堂气氛，激发了学生学习活力，提高了学习效果。

3.3.5 精心设计教学，提高学生学习的参与度

课堂上教学内容是否新颖、生动，直接决定了学生的学习主动性和学习效果。教师在授课中，要以学生为本位，将学生的被动学习转变为积极获取知识。教师要为每一课的教学内容精心设计一个导学案例，引导学生分析案例中所涉及的新知识；案例设计要尽可能有趣、实用，尽可能包含主要知识点，尽量保持案例中知识的延续性。另外，教师在设计实验题目时，要体现出层次性，如基础训练、应用训练、创新训练等实验题目，并标识出其难易程度，学生可以根据自己的基础知识和实际情况选择合适的题目，从而调动学生主动地

参与到学习活动中，增加学习兴趣和动力。对于不积极参与学习活动的学生，教师要主动关心和引导，鼓励学生共同探讨、相互协作，使学生具备责任意识及合作精神，获得展示其能力的机会，也有助于教师更加全面地了解学生。

3.3.6 建立健全教学的考核政策和激励机制

在高校的教学、科研和社会服务三大职能中，教学是中心职能。如果教师用在教学上的时间和精力得不到承认，那么其工作积极性会受到打击，提高教学质量就会成为空谈。目前高校教师的晋升机制是重科研，相对弱化教学，那么高校的这种考核政策就会决定教师用多少时间和精力投入教学工作。因此，要加强教学考核的权重，制定有利于教师安心教学的激励办法，将教学工作的好坏与年度考核、岗位聘任、职称晋升和出国进修等方面紧密挂钩；对在教学工作、教学研究和学科建设中取得突出成绩的教师应给予充分肯定，对教学质量优秀的教师要有实质性的鼓励措施，既要有精神上的奖励，也要有物质上的奖励；有奖必有罚，在奖励优秀的同时也要对教学工作不努力、教学评价不合格的教师加以处罚，或调离教师岗位。这种考核政策和激励机制的建立与完善能够极大地调动广大教师的积极性，促进教师搞好教学与科研工作，切实提高教学质量。

3.4 "以学生为中心"的高校教学质量提升策略

3.4.1 "以学生为中心"对提升教学质量的价值

3.4.1.1 有利于建立全面发展的人才培养模式

高校人才培养模式是指高校作为人才培养的主体，为了实现特定的人才培养目标，在一定教育理念的指导和一定培养制度保障下设计的，由若干要素构成的具有系统性、目的性、多样性等特征的有关人才培养过程的运行模型和组织样式，它主要由人才培养理念、课程设置方式、教学组织形式、教学管理模式和教学评价方式等要素构成。

坚持"以学生为中心"，是科学发展观在高等教育领域的根本体现，它坚持以学生需求为核心，尊重学生的个性发展，将整个教育教学的重点转向学生，体现了以人为本的教育思想。针对学生个性发展的不同，在实施提升教学质量的过程中，不断改善课堂教学、提升专业设置、规范教育管理、完善教学评价等，开展形式多样的课堂教学活动供学生选择和学习，关注不同层次学生的个性发展状况，坚决反对整齐划一的管理，了解学生的真正需求。“以学生为中心”的教育理念强调关心、尊重和理解学生，对高校建立健全全面发展的人才培养模式具有重要作用。

3.4.1.2　有利于完善高校教学质量标准

质量标准一般是在遵守国家、行业、地方等相关规则的基础上结合自身特色而制定的规则。我国坚持以德、智、体、美、劳全面发展的质量观为制定教学质量标准的依据。“以学生为中心”的教学理念就是要求高校尽可能打破传统提升教学质量的管理方式，无论是班级、院系还是高校自身的管理，都要充分考虑学生意愿。在班级管理中，坚持“以学生为本”，尽可能地让每个学生可以根据自己的爱好选择专业方向、根据自身需求自主选择授课教师和上课地点等，这对学生专业能力的提升有巨大的促进作用；在院系管理中，坚持“以学生为中心”进行管理，在一定程度上有利于各院系在专业培养目标和培养计划上有充分的自主权，可以根据自身专业特色制定适合本专业的人才发展计划；在高校日常管理中，坚持“以学生为中心”有利于各项日常管理事项的制定和实施，规范各项管理标准，切实考虑学生日常学习和生活需求，让学生在学校真正体会到家的温暖。

3.4.1.3　有利于实现人才培养目标的达成度

培养目标是指根据一定的教育目的和约束条件，对教育活动的预期结果即学生的预期发展状态所作的“规定”，人才培养目标是指导教育教学活动的主要依据。目前，我国高等教育中存在毕业生就业难、就业质量低的突出问题，一个重要原因是高校培养的学生千篇一律，缺乏特长和特色。高校师资队伍、教学管理等是人才培养目标的重要组成部分，在提高教学质量、完善教学管理过程中坚持“以学生为中心”的理念，根据学生发展方向、学习需求和兴趣爱好设置相关课程，对高校人才培养目标的达成有积极的促进作用。

3.4.2　教学管理制度建设策略

3.4.2.1　确立“以学生为中心”的目标设计思路

实现人才培养目标是高校教学质量建设的最终目标。在这一过程中，“一切为了学生、为了一切学生、为了学生的一切”的“以学生为中心”的观念应是高校需要考虑的第一要素。高校教育教学活动的最终目标之一就是培养学生。在宏观层面上,高校应在国家人才培养相关政策大背景下,结合自身地理位置、独特优势、专业特色等,制定出适合自身发展的各专业人才培养方案。

高校可以借鉴全面质量管理中的全面观,建立层次合理、责权明晰的专门教学管理组织机构,在学校顶层的规划设计中把学生的需要和利益放在首位,通过各种机制始终把提高人才培养质量作为各项工作的出发点和落脚点,克服单方面追求学校切身利益和近期发展而忽略学生需求的短视行为。在学校发展规划中充分体现“以学生为中心”的发展目标,积极探索“以学生为中心”的教学模式,将“以学生为中心”的教育理念深入贯彻到各院系、各行政管理部门和教学辅助机构中。

在制定培养方案、设置专业课程、编写教材教案、选择教学方法和创新教学管理机制的各项工作中,深入贯彻“以学生为中心”的质量理念,把遵循学生的发展规律、突显学生个性和挖掘学生发展潜能作为重要的教学目标和质量标准,并将其落实到人才培养方案中。从学生角度出发制定和实施一些激励政策,在一定程度上可以调动学生在学习和生活中的主观能动性,也对提高学校教学质量发挥着关键作用。

3.4.2.2 完善“以学生为中心”的管理制度

首先,坚持主体性原则。主体性原则主要是指承认、重视并坚持主体在实践和认识活动中的地位和作用的原则。结合利益相关者理论,对于高校来说,学生是核心利益相关者,高校要将学生作为核心主体,充分尊重和考虑学生意愿。主体性原则在高校管理制度中的体现就是高校始终坚持学生作为高校管理的中心,一切规章制度、管理服务等都从学生的立场出发去考虑、制定和实施,强调了高校管理的主要着眼点。对我国本科高校而言,开展和实施教育的主要职责就是努力促进学生主体性的发展,实现人的可持续发展,进而使学生在进入社会工作的过程中能够学有所用。

其次,坚持个性化原则。个性化原则强调的是尊重个人气质、关注个性差异。结合人本主义理论坚持以人为本的观念,高校要注重学生主体的个性发展,重视对学生潜在能力的唤醒与激发。个性化原则在高校管理制度中的应用主要表现在:制定管理制度时坚持因材施教,注重学生的个体差异,使其个性、特长能够得到张扬与发展。英国教育家怀特海在《教育的目的》中曾指出，学生是富有充沛精力、活生生的人，我们进行教育的宗旨就是带领和激励他们走上自我发展之路。对于生命个体的尊重在这句话中得到了充分诠释。可见，只有注重学生的个性化发展，才能真正体现出教育的本质。在“以学生为中心”的教育理念下，进行高校制度建设时要根据每个学生的不同情况，充分挖掘其优势和闪光点，尊重其个体差异，因人制宜、因材施教，从而有效促进学生个性的全面发展与多元化人才的培养。

最后，坚持可持续性原则。随着终身教育的兴起，人们走入了学习型社会。学生所受的教育并不仅仅局限于学校的正规教育，毕业后走向社会随时都在接受非正规教育，其重要性和影响同样深远。一个社会能否实现可持续发展，主要取决于社会的主体——人能否得到可持续发展。促进学生的可持续发展是“以学生为中心”教育理念的终极价值取向。因此，高校及其教师应在教育教学过程中转变教育观念，变传统“授人以鱼”为“授人以渔”，注重对学生知识的传授、学习方法的指导和学习能力的培养。

3.4.3 教学服务资源完善策略

3.4.3.1 加强师资队伍建设

对于教师这一主要教学资源，高校要全面考虑教师的主导作用与学生的主体作用的关系，尊重教师地位。充分发挥教师在教学活动中的主导作用，是实现“以学生为中心”教育理念的前提。只有将教师的主导作用安全、充分地发挥，充分尊重教师的教学活动，才能促进“以学生为中心”的实现。

高校要加强教师队伍建设，就要坚持数量和质量并重，推进人事制度改革，吸引高水平人才，优化教师结构，注重教师的专业性等；在教师开展课堂教学、服务学生时关注其教学方式方法的新颖性；定期开展教师培训，防止师资流失，建立一支具有较高教学素质的教师队伍是保证教学活动正常开展的有效途径，注重教师专业能力的发展和教学能力的提高；强调教师的工匠精神，提高为学生服务的意识；完善教师教学激励机制，建立公平竞争机制，改善教师待遇，充分调动教师教育教学的积极性。

3.4.3.2 改善教学条件

高校在教学资源配置方面，除了增加资金投入外，多听取任课教师和学生的心声，从与教师和学生的交流中了解什么资源、设备是教师教学、学生学习最急需的，使有限的资金能够发挥最重要的作用。另外，还要大力开发现有资源，比如：延长图书馆开放时间，多订阅相关核心期刊供学生阅读、查阅，加大学生可借阅图书数量，对多媒体和教室使用放松限制，对语音室、实验室可根据实名预约的方式向学生开放；实现资源共享，与其他高校或企业间实现资源共享，尤其在网络资源方面容易实现资源共享，而高校内部不同学院（系）、不同学科之间也可资源共享。

高校在建立健全教学服务条件方面，可以借鉴国外高校相关成功经验。例如，高校可以在校内设立学生学习指导中心、学业咨询机构等；让学生可以参与提升教学质量管理的全过程，这对促进学生发展和提高高校办学的自主性有重要意义。

3.4.4 课堂教学质量提升策略

3.4.4.1 树立"以学生为中心"的质量观

人本主义教学理论的主要观点要求一切教学活动皆要以完善学生"自我"来展开，在课堂教学中重视对学生潜在能力的唤醒与激活，激发学生的责任感、主动性和开放性。因此，高校教师要把教学理念从以"教"为主转变为以"学"为主，关注学生学习效果，牢固确立"以学生为中心"的课堂教学形式，并将其贯穿于课程教学全过程。在课堂教学中，教师转变教学观念，有意识地改变传统的教学模式，更多地关注学生在整个课堂教学中的积极参与性，可以采用情景设置、语言引导、肢体动作等方式调动学生回答问题和参与课堂的积极性。

3.4.4.2 丰富课堂教学方式

传统的教师讲授式的教学方法存在已久，其合理性不可否认，丰富课堂教学方式并非完全摒弃讲授式的教学方法，而是不断探索和尝试先进的教育教学方式以利于学生更好地学习。随着互联网科技发展日新月异，在课程教学方式上，可以基于慕课、翻转课堂等新颖的教育教学方式进行教学改革，注重对新时代新方法的研究和应用，不断探索并采用以教师引导、学生学习为主，通过协作式、个别化、小组讨论或多种教学形式进行教学。

3.4.4.3 优化课堂教学内容

不断筛选优秀、先进的教学资源及时提供给学生，引导学生独立思考能力的发展和阅读习惯的养成，使学生可以从多角度、多维度理解知识，在知识碰撞中产生思想火花和灵感。科技在发展、社会在进步，高校课堂教学的最终目的是培养能够适应社会发展需要的高素质人才，因此，课堂教学内容也应该随着时代的发展有所调整，保留经典、充实适应时代发展的知识内容，组织专家和学者编撰和挑选能够培养学生科学研究与实践能力、创新思维与探索能力的精品教材，教师仔细研究教学目标并参透课程大纲、选择有价值的教材和教参、认真准备教学计划和教案、完善课程教学内容和课程结构等，让学生在课堂上能够有所收获。在课程设置时，要关注学生的需求，不断调整和完善公共基础课和专业课、必修课与选修课等之间的课程比例和时间安排；加强文理交叉、理工结合之间的融合与联系，注重实用性，建立跨学科的交叉课程和边缘学科课程等。

3.4.5 教学评价模式构建策略

教学评价模式的确定和实施是影响评价成功与否的关键要素。在高校教学评价过程中，针对学生的评价来自各专业教师、学院以及学校管理部门三方面，对于教师的评价同样来自学生、学院和学校管理部门三方面，被评价对象和评价主体错综复杂，有时投入了大量的精力和人力，最后却未能收到良好效果。因此，本科高校在教学评价机制的构建和实施中要注重评价方式的多样性和对评价结果的分析与反馈，使教学评价发挥最大作用，成为推动教学质量提升的有力手段。

3.4.5.1 实行主体性教学评价标准，关注学习效果

教学评价是对教学效果的价值判断，是教学工作不可或缺的一部分，也是促进教学改革、提高教学效果的有力手段。为了适应学生主体性的发展，当前高校应完善传统的教学评价标准，坚持以学生发展为导向。

主体性教学评价在高校教学评价中的应用主要体现在对学生的“他评”中，不仅要将学生视为被评价的对象，还要将其看成一个能动的和有个性特点的主体，尊重学生的主体地位，重视学生的主体性发展，并将其视为根本特征。主体性教学评价强调以全方位和多种标准评价学生以及整个教学活动，要求在评价标准上必须突破传统的只看重学生对学科知识掌握程度而忽视其应用知识的能力和身心素质的整体发展、唯分数至上、只重形式不重内容、只重结果不重过程的评价局限等狭隘的态度观点，建立起多维度的开放性评价标准体系，使其能够在真正意义上促进学生全面发展。

主体性教学评价是“多向性”“多主体”的评价。这体现在教师不仅可以

评价学生，学生也可以评价教师；同时，教师与教师之间、学生与学生之间可以相互评价；评价对象还可以自评；另外，家长及其他社会群体也可以参与教学评价。这将是一个多方位、多学科评价系统，有利于充分调动师生主体的积极性，也有利于提高他们的自我评价意识和能力，从而促进师生自我反馈、调节及教育能力的提高。主体性教学评价不仅关注学生对知识的掌握和考试成绩，还关注学生主体性发展的各个方面，这也说明了主体性教学评价的目的是多重的，并且评价功能是多样性的。此外，主体性教学评价强调不仅关注结果，还要更加重视过程，尽量避免传统教学评价过分强调选拔和甄别功能的缺点，充分发挥诊断、反馈、教育、发展、管理等教学评价的多种功能，促进学生全面发展，提高教师素质，完善教学实践。

3.4.5.2　完善教学评价方式，注重多样化

本科高校的教学评价方式有很多种，但从“以学生为中心”这一出发点着手的相对较少。在教学评价方式上不仅要积极完善诊断性教学评价、形成性教学评价和总结性教学评价，最大限度地发挥其评价作用，还要不断丰富学生参与教学评价的方式。第四代评价理论认为：评价就是为了使客户受益，客户是对产品最有发言权的群体。吸收借鉴第四代评价理论的重要观点，可以将学生作为参与目标建构、课程评价、教学评价、学习参与评价、学习成果评价以及管理需求与满意度测评的主要组成部分。在高校的教学活动中，学生负责学习和体验学校提供的课程、教学和管理服务，通过积极的学习参与来提供学习的质量证据（学习成果），他们是最有发言权的群体。要将全面质量管理理论应用到提升本科高校教学质量中，就要正确分析和定位学生作为学校的客户和产品的特殊差异性。另外，对学生的评价，除了平常的课堂口头提问、实验室操作测验外，还可以采用其他的评价方式，如对每个学生的个性化评价，从而使评价方式与手段多样化，将定期性与经常性评价、综合与主要评价、定量与定性评价相结合，更全面客观地发挥评价的作用。

3.4.5.3　丰富教学评价内容，注重多元化

高校在进行教学评价过程中，所要评价的内容众多，将全面质量管理理论的主要特点运用在教学评价内容中可以理解为：提升本科高校教学质量，增强高校综合实力，在教学评价模式的构建过程中全面考虑评价内容的多元化，注重多样性，多角度分析影响教学质量的主要构成要素；使教学评价

内容更加多元化，弱化以课本理论知识为中心，强化理论结合实际。课本理论知识只是教学评价内容中智的一部分，还应该包括对学生思想品德、身体素质、审美能力、劳动技能等方面的评价，不断丰富有利于学生能力和创造性思维发展的教学评价内容。

3.4.5.4　有效利用反馈信息并不断进行改进

我国高校对学生学习效果的评定主要以书面考试结果为依据，对于考后信息的反馈，只是通过在校园管理系统中公布分数的反馈方式潦草完事，学生若想知道自己考试中表现、不足在哪里，基本上少有学校对此做细致工作。根据教育学强化学习理论，在完成某一反应后，应及时给出结果，以形成刺激反应机制，而反馈越及时，对学生的影响力就越大。所以，在教学评价后反馈信息的利用和改进方面，需要高校能够有所调整。

在我国，高校大多数的考试只是用于评定学生学习水平，对改善教育管理和完善教师教学方式所起作用不大。而国外一些高校高度重视对考后结果的反馈与分析，在考试结束后，教师不仅要进行分数评定，而且还要对考试内容和方式进行再次研讨，有针对性地为较为落后的学生分配补课教师，为其进行个别专项辅导。显然，这种做法更有助于发挥考试的诊断与反馈功能，从而有利于学生学业的进步与成长。

由于学生在考试中处于被动地位，因此对于教学评价相应的改进措施从教师和管理者两方面入手。从教师角度来说，任课教师应对考试结果及时进行分析、总结，发现学生存在的问题，及时反馈到学生管理部门。从管理者角度来说，在考试结束后应对整个考试管理工作进行整体评价，对教师的考试评定情况进行考查；组织各科教师完成考试后的讨论、总结工作，并将信息通过网络或信函或其他方式反馈给学生，而不是只有一个数字分数；要求老师重视考试后信息的处理和反馈，并提出今后教学过程中的改进措施，促进教学质量和学生学业水平的提高。

坚持“以学生为中心”的评价是高校健康发展的最有效途径，其主要原因为：实施大学教育的主要目的之一是人才培养，学校的教学管理、教师上课、各种教学服务等的最终目的都是促进学生的学习和发展；学校开展教学评价的核心内容是考核学生的学习情况，教学评价的标准也是围绕不断促进学生发展而制定的。本书的研究虽对教学评价进行了清晰论述，但鉴于研究能力和研究条件所限以及评价自身的复杂性，还存在诸多遗憾。特别是在研究方法上，还缺少数据的定量支持，如果能够对我国大学教师、学生、评价人员进行深入的调查和访谈，收集并整理出相关数据和信息，将会得到更加翔实的一手资料，有关教师评价的相关内容也将会更具有实证性，结果也更具说服力，这将是后续的主要研究方向。

"以学生为中心"反映的是一种在教育理念、教学方法、服务态度、评价手段等方面固化思维的转变，包括：教学理念从教到学，教学方法从单一化到多元化、个性化，服务态度从高高在上到平易近人，评价手段从单一化走向定性与定量结合，等等。当然"以学生为中心"并不等同于在教育教学中事事围绕着学生展开、学生可以主导一切，而是指在教学与学习中要突出学生的主体性地位，充分保障学生的权益，尊重学生的自主性。

对"以学生为中心"的研究已经成为未来教育领域具有重大研究价值和研究意义的课题。而"加强高校教学质量建设，提高高校教学质量，完善高校教学管理"是我国高等教育亟待解决的问题。"高校教学质量问题"结合运用"以学生为中心"的理念和措施，将是未来提升高校教学质量的新方向，也是后续研究的创新之处。

新工科背景下专业建设研究

当前，我国正在实施“中国制造 2025”“互联网＋”“网络强国”以及新旧动能转换等重大战略，对工程科技人才的培养提出了更高的要求。

2016 年 6 月 2 日，在国际工程联盟大会上，全票通过了中国加入《华盛顿协议》的申请，从此中国成为第 18 个《华盛顿协议》正式成员，给我国工程教育的发展带来了新的机遇和挑战。

2016 年 10 月 19 日—20 日，首届中国高等工程教育峰会召开，奏响了我国新工科建设的序曲。会议主题为“中国制造 2025 与中国高等工程教育的发展与变革”，旨在深入推进工程教育改革，交流中国高等工程教育现状和未来发展与变革之路，探索完善中国特色、国际实质等效的专业认证制度，促进产学合作、协同育人，深化工程教育领域创新创业教育改革，提升我国工程教育国际竞争力。

2017 年 2 月 18 日，教育部在复旦大学召开了高等工程教育发展战略研讨会，与会高校代表对新时期工程人才培养进行了热烈讨论，共同探讨了新工科的内涵特征和新工科建设与发展的途径，并达成了若干共识（简称“复旦共识”）。

2017 年 4 月 8 日，教育部在天津大学召开了新工科建设研讨会，60 余所高校共商新工科建设的愿景与行动。会议通过了新工科建设行动路线（简称“天大行动”）。

2017 年 6 月 9 日，教育部在北京召开了新工科研究与实践专家组成立暨第一次工作会议，审议通过了《新工科研究与实践项目指南》（简称“北京指南”），提出了新工科建设的指导意见。

“复旦共识”“天大行动”“北京指南”这三部曲奏响之后，我国新工科建设的大幕正式拉开。教育部全面启动、系统部署了新工科建设，组织了三路大军齐头并进，其中工科优势高校组由浙江大学牵头，综合性高校组由复旦大学牵头，地方高校组由上海工程技术大学和汕头大学牵头，大刀阔斧地开始了新工科建设的探索与实践。全国掀起了一场轰轰烈烈的新工科建设热潮。

4.1 新工科背景下专业建设需求

高等教育发展水平是一个国家发展水平和发展潜力的重要标志。随着我国综合国力的增强，教育部启动实施了“六卓越一拔尖”计划 2.0，将原来的单个计划组合成系统计划，切实提高高校服务社会经济发展的能力。地方高水平大学要积极响应国家战略需求，培养满足新经济、新产业所需的新型工科人才，更好地为地方经济发展服务。

4.1.1 经济发展的需求

4.1.1.1 新经济快速发展的需要

我国经济正处于转型升级期，新一轮的技术革命引发了新一轮的生产方式的变革，促进了新经济的蓬勃发展。根据 2016 年上半年的调查分析，我国新经济的发展趋势为：一是互联网深刻改变各行各业；二是创新型企业正在异军突起；三是新技术催生壮大了新产业；四是制造业智能化的趋势方兴未艾；五是“双创”厚植新经济的发展沃土。通过分析新经济的发展趋势可以看出，以互联网为主的智能性产业的崛起正在逐渐代替传统的生产方式，这一现状促使了我国传统产业的转型升级，更推进了地方高水平大学专业结构的调整，更新传统工科专业，建设新工科专业，面向未来产业技术，进行专业布局，培养适应新产业的新型工科人才。

新经济发展的核心关键在于创新。党的十九大报告提出“创新是引领发展的第一动力，是建设现代化经济体系的战略支撑”。在新经济大力发展的背景下，技术更新越来越快，产品的更新换代也越来越快，一项新技术的产生往往需要多个领域的合作，跨界合作成为新经济的一大特点。这就需要具有极强创新思维的人才来支撑，他们应具有极强的适应能力和整合资源的能力，来适应当前新经济的发展趋势。

当今社会，机器人与自主系统、大数据分析、移动和云计算、网络空间、能源、智慧城市、量子计算、虚拟现实与增强现实、合成生物等新兴科学技术的大力发展，正潜移默化地改变着人们的生产生活方式和思维方式。然而，目前地方高水平大学现有的培养人才模式与产业发展不相适应，依旧延续以往的传统工科人才培养模式，缺乏对新趋势的研究与预判，知识陈旧，与实际脱节，缺少专业布局，现有传统工科专业无法满足快速发展的社会需求。因此，地方高水平大学要主动迎合社会发展需求，积极进行新工科专业建设，培养新型技术人才。

4.1.1.2 国际竞争趋势发展的需要

在经济全球化的今天，国际竞争愈发激烈，创新驱动成为很多国家谋求竞争优势的核心战略。未来的 5～10 年是新工业革命推动的传统工业化与新型工业化相互交织、相互交替的转换期，是工业化时代与信息化时代相互交织、工业化与信息化深度融合的过渡期，区域经济实力此消彼长，使得世界经济版图发生变化。为了应对这一变化，世界各国纷纷进行了产业的转型升级，制定了以制造业为核心的应对策略。德国提出的信息物理系统（Cyber-Physical System，CPS）、工业物联网和工业互联网的“工业 4.0”计划为德国在高端制造业市场上抢占先机，美国的“先进制造业国家战略计划”、英国的“英国制造 2050 战略”、日本的“制造业白皮书”也都无一例外地将重点放在了新一代信息技术上，力图利用新一代信息技术夺取制造业优势，进而大力发展新兴产业。

表 4-1 部分国家近年来发布的制造业发展战略

发布国家	发布组织	战略名称	主要内容
美国	美国国家科技委员会	先进制造业国家战略计划	围绕中小企业、劳动力、伙伴关系、联邦投资以及研发投资等提出五大目标和具体建议
	美国国家科技委员会和高端制造业国家项目办公室	国家制造业创新网络初步设计	计划建设由 45 个制造创新中心和一个协调性网络组成全国性创新网络，专注研究 3D 打印等有潜在革命性影响的关键制造技术

表 4-1(续)

发布国家	发布组织	战略名称	主要内容
德国	德国电气电子和信息技术协会	"工业 4.0"战略建议书 "工业 4.0"标准化路线图	建设一个网络:信息物理系统网络; 研究两大主题:智能工厂和智能生产; 实现三项集成:横向集成、纵向集成与端对端的集成; 实施八项保障计划
法国	法国政府	"新工业法国"战略	该战略为期 10 年,主要解决能源、数字革命和经济生活三大问题,确定 34 个优先发展的工业项目,如新一代飞行器、可再生能源、超级计算机、建筑物节能改造等
英国	英国政府科技办公室	"英国制造 2050"战略	推进服务+再制造(以生产为中心的价值链);致力于更快速、更敏锐地响应消费者需求,把握新的市场机遇,可持续发展,加大力度培养高素质劳动力
日本	日本经济产业省、厚生劳动省和文部科学省	制造业白皮书	在对德国"工业 4.0"计划进行全面分析的基础上,强调日本制造业要转型为利用大数据的"下一代"制造业,着重发展机器人、下一代清洁能源汽车、再生医疗以及 3D 打印技术
印度	印度国家制造业竞争力委员会	"制造业国家战略"白皮书	瞄准与利用印度巨大的人口数量优势发展出口导向的劳动密集型产业,暂时避开西方发达制造业经济体的直接竞争
巴西	国家工业发展理事会	工业强国计划	旨在扶持国内技术市场、服务市场和对外贸易的快速发展,创造新的就业机会等。该计划包含一系列刺激创新和优惠税收政策,同时从组织保障体系上制订了执行方案和行动准则
中国	国务院	"中国制造 2025"战略规划	立足我国转变经济发展方式的实际需要,围绕创新驱动、智能转型、强化基础、绿色发展、人才为本等关键环节,以及先进制造、高端装备等重点领域,实施加快制造业转型升级、提质增效的重大战略任务和重大政策举措,力争到 2025 年使我国从制造业大国迈入制造业强国行列

在当前新的国际大趋势下，中国也应当转变经济发展方式，以创新为驱动，加快制造业转型升级。制造业的转型升级对我国来说既是机遇也是挑战，它对我国的制造业人才培养也提出了挑战。当前的产业发展模式所需要的人才是高素质的，不仅要具有扎实的基本知识，还要有灵活多变的创新思维、综合复杂的知识背景。

我国要想领跑新一轮的科技革命，要想在全球创新系统中大放异彩，势必要培养创新人才。因此，地方高水平大学应融合新工科理念，大力促进传统工科改革，按照国际专业认证标准进行专业建设。

4.1.2 新工科建设的问题导向

新工科建设要坚持问题导向，做到六问：问产业需求建专业，问技术发展改内容，问学校主体推改革，问学生志趣变方法，问内外资源创条件，问国际前沿立标准。

4.1.2.1 产业需求建专业学科

专业和人才培养类型结构问题是工程教育改革的核心问题。要加强社会对工程科技人才的需求调研，掌握产业发展最新的人才需求和未来发展方向。要做好增量化，主动布局新兴工科专业建设，注重专业设置前瞻性，积极设置前沿和紧缺学科专业，加快建设和发展新兴工科，提前布局培养引领未来技术和产业发展的人才。要做好存量调整，加快传统学科专业的改造升级，引导高校结合社会发展的新需求、学科交叉融合的新趋势、科学研究的新成果，拓展传统学科专业的内涵和建设重点，形成新课程体系，打造传统学科专业的升级版，服务钢铁、石化、机械、轻工、纺织等产业转型升级、向价值链高端发展。要推动学科专业交叉融合，加强复合型工程技术人才培养。

4.1.2.2 技术发展改内容

当前，在新一轮技术革命的背景下，企业的技术发展日新月异，工程教育必须主动适应。高校要面向产业需求深化教学内容与课程体系改革，积极探索综合性课程、多视角解决问题的课程、交叉学科研讨类课程，以学科前沿、产业和技术最新发展推动教学内容更新，把内容陈旧、轻松易过的“水课”变成有深度、有难度、有挑战度的“金课”。要把创新创业教育融入工程教育的全过程，进一步落实创新创业教育的具体要求，充分发挥工程教育在师资队伍、实践平台、行业协同等方面的优势，广泛搭建创业孵化基地、科技创业实习基地、专业化创客空间等创新创业平台，营造创新创业教育氛围，推动创新创业教育全方位贯穿、深层次融入专业教育，着力培养学生创新精神、创业意识和创造能力。

4.1.2.3 学校主体推改革

当前世界经济正在加速向以网络信息技术产业为重要内容的经济活动转变，高校是新工科建设的责任主体，必须布局新工科建设，实施人才培养行动，从而获得未来竞争优势。要以新工科建设为契机优化学科专业结构，高校做好学科专业的整体规划，完善学科专业动态调整和自我更新机制，在新工科建设过程中大胆实践，探索学科专业设置管理的新范式。要以新工科建设为抓手推进学校综合改革，高校发挥基层首创精神，充分利用好新工科这块试验田，推进人事制度改革，完善适应高校教学岗位特点的内部激励机制，探索高校教师与行业人才双向交流的机制；紧跟产业变革创新培养模式，强化工学结合、校企合作，让企业直接参与人才培养全过程。

4.1.2.4 学生志趣变方法

在互联网时代，知识的获得已经不存在障碍，但学习动力、注意力变成了稀缺资源。高校必须根据学生志趣调整教育教学的方式方法，提高教学效率和效益。要坚持并全面落实"以学生为中心"的理念，尊重学生自主选择，推进高校学分制改革，探索建立与学分制相适应的课程设置、学籍管理、质量监控、考核评价等教学管理制度，方便学生跨专业、跨学校进行学分认定与转换，加快管理者本位向以学习者为中心的转变。要加强教学方法和教学手段的改革，借鉴学习科学的最新研究成果，丰富教学方法，加强师生互动，增强学生的"向学力"。要着力推进信息技术与教育教学深度融合，建设一批以大规模在线开放课程为代表、课程应用与教学服务相融通的优质在线开放课程，推进以学生为中心的教学方式方法变革。

4.1.2.5 内外资源创条件

为促进学校发展，必须优化配置校内资源，积极获取社会资源，为人才培养创造更好条件。现在，高校面向社会汇聚优质资源的动力和能力还是不足。大学是开放的，要把办学视野打开，推进校企协同、科教协同，在更大范围内优化配置教学资源，主动联系和挖掘行业部门、科研院所、企业优势资源，积极共建实习实训基地，统筹安排学生到实务部门、生产一线实习实践。要推广“卓越工程师教育培养计划”实施经验，推广实施产学合作协同育人项目，鼓励有条件的高校与行业企业、科研院所合作，共建一批国家级产学研合作示范学院，以产业发展需求为导向，探索建立产学研合作协同育人长效机制，建设一批协同育人、共建共享的实践基地或工程创新训练中心。

4.1.2.6　国际前沿立标准

我国要实现工程教育由大到强的根本性转变，从“跟跑并跑”到“并跑领跑”，最终实现全面超越，就必须站在国际前沿来考量我国的人才培养，建立具有国际竞争力的工程教育体系。要加强工程人才培养质量标准的研究和建设；要进一步完善中国特色、国际实质等效的工程教育专业认证制度；要关注世界前沿科技进展和发达国家经济转型战略，如未来将在以下领域开展全面竞争：石墨烯技术、全面破解人脑、重组基因组、会学习的电脑、商用太阳能飞机、智能飞机、永不停止的太空竞赛；要把国际前沿领域的增长点转化成我国自己的培养标准。

4.1.3　新工科建设体系要体现“五个强化”

我国要通过深化综合改革形成新工科发展体系，新工科发展体系要充分体现五个强化：

第一是强化新工科人才质量的核心定位。新工科建设的核心定位是质量。

第二是强化一流工科教育教学的评价导向。新工科建设的评价导向是在各自领域办出特色、办出一流水平。

第三是强化服务国家战略和区域发展的责任担当。新工科建设既要服务国家战略需要，也要支撑区域发展需求，要有这样的责任担当。

第四是强化为国家和社会做贡献的价值追求。新工科建设不是一个概念，而是一项行动，这项行动的价值追求是为国家、为社会多做贡献。

第五是强化面向未来和国际先进水平的目标引领。

新工科最终要引领国际先进水平。中国现在是全球第二大经济体，但不是经济强国，经济强国要靠制造业强国支撑，制造业强国要靠现有的制造业和未来的先进制造业来支撑。因此，新工科要面向未来，培养面向未来的人才。

新工科项目不是“牌子”，不是“帽子”，而是要切实地在教育教学改革深化上、在提高工程教育人才培养质量上有所体现。建设发展新工科要因时而动，“时”是新一轮科技革命和产业革命的历史性交汇，是国家产业发展的新形态，是国家高等教育发展的新阶段；同时要返本开新，“本”是中国教育的特色，是中国教育发展的现实、未来和挑战。返本才有根，新工科的“新”要立足新经济的“新”，要面向当前急需和未来发展培养新工科人才，把握由来、坚守本来、吸收外来、开创未来。相关高校要顺势而为，主动作为、勇于创新，从而扎实推进新工科建设，培养一大批又红又专、全面发展的新工科人才，为建设工程教育强国作出贡献，为创新型国家建设提供人才支撑和智力支持。

4.2 新工科背景下大学专业建设的基本目标

当今世界，受经济全球化的影响，世界各国联系越发紧密。我国的社会主义经济不可避免地受到经济全球化的影响，呈现多元化趋势，社会所需的人才越来越复杂，越来越需要能够引领未来产业发展的人才。高校是培养人才的地方，专业是培养人才的基本单元，要培养卓越的新时代工程科技人才，就应该在新时代积极进行转变，在新工科背景下进行专业建设。

4.2.1 专业建设存在的主要问题

在新工科背景下，产业的转型升级对高校专业建设发挥了支撑作用，但在新时代仍面临着不少的困境。

第一，在高校进行专业建设时存在人才培养观念陈旧的问题。意识是引领行动的先导，地方高水平大学陈旧的人才培养观念已经不符合时代的潮流，培养的人才也已不适应社会的需求，以往的教学方式比较单一，仅围绕着学校安排的教学活动展开，学生可以自主支配的时间很少。

第二，学校对于自身的办学定位不是很明确。地方高水平大学在自身目标定位上通常只关注升学和就业，这两点对于学生来说是至关重要的，但并不意味着就要把升学和就业作为人才培养的方向。如果地方高水平大学在进行目标定位时只关注这两点，则会失去自己的办学特色，丧失自己的区域性优势，出现“同质化”倾向。

第三，地方高水平大学仍存在着重“理论”轻“实践”的想法。学校安排的教学活动和教学内容通常都重视理论课程，课程内容比较单一且陈旧，实践基地设施不够完善，学生的实践能力得不到提升，培养的人才通常也是单一型人才，只精通某一类知识，对其他知识则是知之甚少，无法满足当下对综合型创新人才的需求。

4.2.2 专业建设的基本目标

4.2.2.1 服务国家发展战略

在新工科背景下，地方高水平大学的专业建设要以服务国家战略为主要目标，围绕国家发展战略设置专业，形成具有中国特色的高等教育工程体系，提高高等教育建设质量，培养高素质的新型工程技术人才，为我国的创新发展战略提供强有力的人才支撑。地方高水平大学要紧随我国发展战略方向，充分发挥自身作用，为将我国建设成为高等教育强国而努力，实现我国在全球工程教育领域从跟跑到并跑再到领跑的跨越，通过新专业的开展，形成领跑全球工程教育的中国模式。

工程教育的改革与创新缘于国家重大战略和发展需求。随着党的十九大的召开，为实现中华民族伟大复兴的中国梦，习近平总书记根据我国发展需求提出了一系列发展战略，如七大发展战略，“两个一百年”奋斗目标，“五位一体”的总体布局和“四个全面”的战略布局；更是提出了“对高等教育的需要比以往任何时候都更迫切，对科学知识和卓越人才的渴求比以往任何时候都更强烈”的论断。

为实现习近平总书记所提出的发展战略，迫切需要创新人才的支持，而专业是培养人才的基本单元，地方高水平大学要以培养创新人才和服务国家战略为目标建设专业，为国家发展输送人才。习近平总书记更是提出了当今高等教育对科技变革和产业升级的重要性，地方高水平大学应找准自己的定位，重视自己三大职能的发挥。

此外，国务院于2010年出台了《关于加快培育和发展战略性新兴产业的决定》。随着新一轮科技革命的崛起，我国又不断提出了“创新驱动发展”“中国制造2025”“一带一路”“互联网＋”“京津冀协同发展”等重大战略。战略性新兴产业的发展离不开新型技术和创新人才的支撑，而“中国制造

2025”等重大战略的实现也离不开人才的支持。地方高水平大学就要根据自身办学定位，结合办学基础，增强主动为国家发展战略服务的责任意识，进行专业建设，培育新型工科人才。地方高水平大学要根据国家的发展战略，围绕战略性新兴产业，及时调整专业结构，以服务国家发展战略为目标建设专业。

4.2.2.2 培养新型工程技术人才

全球新一轮的产业革命和科技革命催生了新产业，新产业正在呼唤新型工程技术人才，要求新一代工程技术人才既要有紧跟技术前沿的厚实理论基础、丰富的实践经验，还要有前瞻性视角和创新精神，更要具备良好的领导才能、多领域知识技术组织整合能力、深厚文化底蕴和全球视野。这样的工程技术人才才是当今社会所需要的，地方高水平大学就要以培养这样的新型工程技术人才为目标进行专业建设。

2011 年 7 月 1 日，我国教育部和财务部正式启动了“高等学校本科教学质量与教学改革工程”，经过一系列的重大改革举措，我国的高等工程教育取得了显著进步，培养了一批优秀的适应社会发展的高素质人才。随着我国 2016 年加入《华盛顿协议》，我国高等工程教育还存在着一些问题，在人才培养方面还存在着不足，缺少世界级工程领军人物和拔尖人才，大国工匠紧缺，基础、新兴、高端领域工程科技人才短缺，工程技术人才支撑制造业转型升级能力不强，传统工程人才相对过剩，呈现制造业人才结构过剩和短缺并存、企业“用工荒”与毕业生“就业难”并存的局面。这说明以往的学科专业结构和人才培养模式已不再适应新时代的发展，地方高水平大学迫切需要调整学科专业结构，改变以往传统的人才培养模式，以培养新型工程技术人才为目标。

2018 年 9 月 17 日，教育部、工业和信息化部、中国工程院发布《关于加快建设发展新工科实施卓越工程师教育培养计划 2.0 的意见》。2019 年 4 月 29 日，教育部在天津大学召开新闻发布会，启动实施了“六卓越一拔尖”计划 2.0。“六卓越一拔尖”计划 2.0 要求地方高水平大学以《华盛顿协议》为抓手，树立“以学生为中心”的教学理念，通过充分了解学生的兴趣与需求，关心学生的个人成长，以学生的兴趣与需求为目标开展教育教学工作。地方高水平大学不只要关注社会的用人需求，更要从学生的内心需求出发，通过挖掘学生的发展潜力，为学生未来的发展添油助力。

在我国经济发展正在进行转型升级的当下，新兴技术和新生产业的蓬勃发展对新型工程技术人才的需求愈发强烈，学生自身也要提升自己的综合素质，通过专业学习不断锻炼自己的实践与创新能力，以便适应不断发展变化的社会需求。“中国制造 2025”以及国家“十三五”规划也要求地方高水平大学调整专业结构，着力培养具有历史使命感和社会责任心、富有创新精神和实践能力的各类创新型、应用型、复合型的新型工程技术人才。因此，地方高水平大学应以“中国制造 2025”的要求和地方产业需求为引导，以培养新型工程技术人才为目标，进行专业建设。

4.2.2.3 传承中华优秀传统文化

中华优秀传统文化不仅塑造着我们的品格，还启迪着我们的智慧，它在国家的教育规划中占有重要地位。地方高水平大学作为区域高等教育的排头兵，面对新时代的来临，更应该承担起传承中华优秀传统文化的责任。中华民族历史悠久，具有五千多年的璀璨文化，地方高水平大学在建设专业时，要以传承中华优秀传统文化为目标，要以高远的政治站位、宽广的国际视野、深邃的战略眼光，抓住机遇，超前布局，加快推进高校文化现代化建设，使中华优秀传统文化再一次大放异彩。

习近平总书记在北京大学的演讲中指出：中华优秀传统文化已经成为中华民族的基因，植根在中国人内心，潜移默化影响着中国人的思想方式和行为方式。中华优秀传统文化在我们的日常生活中发挥着不可替代的作用，地方高水平大学在进行专业建设时就要与中华优秀传统文化结合起来，在平常的课堂教学中加入中华传统文化，这有利于对学生进行中华优秀传统文化的熏陶，提高学生的思想道德水平，从中华优秀传统文化中汲取力量，培养学生成为拥有自强不息、修身自律等优良品德的人才，对学生的终身发展大有裨益。

国家“十三五”规划中再次强调了文化强国的目标，这一目标的实现离不开科教与人才的支持，而高校就成为文化强国的必由之地。在专业建设时以传承中华优秀传统文化为目标，加强文化建设，不仅可以培养学生的文化素养，更是可以在文化领域中起到发扬和创新的作用。除此之外，在新工科背景下建设专业以传承中华优秀传统文化为目标，还可以加快将文化成果转化为生产力的效率，实现中华优秀传统文化的再发展、再创新，增强我们的文化自信。

当前中国正以更加开放的姿态拥抱世界，尤其是在“一带一路”倡议大力实施的今天，地方高水平大学专业建设更应紧随国家发展趋势，将中华优秀传统文化纳入专业建设目标中，集中优势参与文化产业的发展，扩大文化产业的效益，实现真正的文化自信，打造真正的文化强国。

4.2.2.4　加强国际交流与合作

在经济全球化的进一步加剧、“一带一路”倡议的大力实施和“人类命运共同体”的构建背景下，国际交流与合作逐步成为高等教育发展的新趋势。作为高等教育的重要组成部分，地方高水平大学在国际交流与合作中也应发挥重要作用。地方高水平大学加强国际交流与合作不仅是时代的需要，更是高校提升自身科研水平和办学质量的重要途径。地方高水平大学在建设专业时要注重与国际接轨，要以加强国际交流与合作为目标，通过积极吸取国际先进经验，改变传统办学模式与教育模式，打造全新的与国际接轨的专业，培养具有国际化视野的人才。

地方高水平大学在建设专业时以加强国际交流与合作为目标，树立国际化理念，会对国际发展形势有更加清晰、明了的认识，可以在进行专业建设时以全球市场为依据，针对国际市场需求的变化来调整专业结构，根据国际市场需求及产业需求更新专业课程设置，时刻把握最前沿的科研方向，提升科研能力和水平。当前社会需要的不仅是掌握专业技能的普通人才，更需要拥有国际化交流与合作能力的新型复合人才，因此，建设专业时以加强国际交流与合作为目标，还有利于扩展学生的国际视野，增强学生的国际竞争力，提高人才培养质量。

2015 年，我国提出了建设世界“一流大学”和“一流学科”的重大战略决策。2017 年 1 月，经国务院同意，教育部、财政部、国家发展改革委印发了《统筹推进世界一流大学和一流学科建设实施办法（暂行）》。2018 年 8 月，教育部、财政部、国家发展改革委又印发了《关于高等学校加快“双一流”建设的指导意见》。“双一流”建设是中国高等教育领域继“211 工程”“985 工程”之后的又一国家战略。什么是世界一流大学呢？世界一流大学必须拥有一批具有国际先进水平的学科；拥有一支具有很高水平的、包括一批在国际学术领域有较高威望的学术大师的师资队伍……当然更重要的还是要能够培养一批高质量的具有较强国际竞争能力的人才，能够在创造新知识、发展科学文化方面做出突出贡献。要成为世界“一流大学”，建设"一流学科",自然就要树立全球化理念,在建设专业时要以加强国际交流与合作为目标,采用国际通用标准,力争建设成为具有国际影响力的学科专业。

在国际科技交流与合作深入推进的背景下,提高我国高校国际科技交流与合作的质量和水平已成为促进科研创新开展、提高人才培养质量的重要途径和举措。地方高水平大学在新工科背景下建设专业时以加强国际交流与合作为目标,一方面有利于吸取国际先进经验,提升自身办学质量和水平;另一方面也有助于让世界了解中国的高等教育,有利于将具有中国特色的教育理念与世界共享。

4.3　新工科建设路线

4.3.1　新工科建设的行动路线

2017 年 4 月 8 日,教育部在天津大学召开新工科建设研讨会,研究制定了新工科建设的行动路线。新工科建设的目标是:到 2020 年,探索形成新工科建设模式,主动适应新技术、新产业、新经济发展;到 2030 年,形成中国特色、世界一流的工程教育体系,有力支撑国家创新发展;到 2050 年,形成领跑全球工程教育的中国模式,建成工程教育强国,成为世界工程创新中心和人才高地,为实现中华民族伟大复兴的中国梦奠定坚实基础。为实现这一目标,需要致力于以下行动。

4.3.1.1　探索建立工科发展新范式

根据世界高等教育与历次产业革命互动的规律,面向未来科技和产业发展的新趋势和新要求,在总结技术范式、科学范式、工程范式经验的基础上,探索建立新工科范式。我国高校以应对变化、塑造未来为指引,以继承与创新、交叉与融合、协同与共享为主要途径,深入开展新工科研究与实践,推动思想创新、机制创新、模式创新,实现从学科导向转向以产业需求为导向,从专业分割转向跨界交叉融合,从适应服务转向支撑引领。

(1) 问产业需求建专业,构建工科专业新结构

加强产业发展对工程科技人才需求的调研,做好增量优化、存量调整,主动谋划新兴工科专业建设,到 2020 年,直接面向新经济的新兴工科专业

比例达到50%以上。大力发展与大数据、云计算、物联网应用、人工智能、虚拟现实、基因工程、核技术等新技术和智能制造、集成电路、空天海洋、生物医药、新材料等新产业相关的新兴工科专业和特色专业集群。更新改造传统学科专业，服务地矿、钢铁、石化、机械、轻工、纺织等产业转型升级、向价值链中高端发展。推动现有工科交叉复合、工科与其他学科交叉融合、应用理科向工科延伸，孕育形成新兴交叉学科专业。

(2) 问技术发展改内容，更新工程人才知识体系

将产业和科技的最新发展、行业对人才培养的最新要求引入教学过程，更新教学内容和课程体系，建成满足行业发展需要的课程和教材资源，打通"最后一公里"。推动教师将研究成果及时转化为教学内容，向学生介绍学科研究新进展、实践发展新经验，积极探索综合性课程、问题导向课程、交叉学科研讨课程，提高课程兴趣度、学业挑战度。促进学生的全面发展，把握新工科人才的核心素养，强化工科学生的家国情怀、全球视野、法治意识和生态意识，培养设计思维、工程思维、批判性思维和数字化思维，提升创新创业、跨学科交叉融合、自主终身学习、沟通协商能力和工程领导力。

(3) 问学生志趣变方法，创新工程教育方式与手段

落实"以学生为中心"的理念，加大学生选择空间，方便学生跨专业、跨学校学习，增强师生互动，改革教学方法和考核方式，形成以学习者为中心的工程教育模式。推进信息技术和教育教学深度融合，建设和推广应用在线开放课程，充分利用虚拟仿真等技术创新工程实践教学方式。完善新工科人才"创意—创新—创业"教育体系，广泛搭建创新创业实践平台，努力实现50%以上工科专业学生参加"大学生创新创业训练计划"、参与一项创新创业赛事活动，建设创业孵化基地和专业化创客空间，推动产、学、研、用紧密结合和科技成果转化应用。

(4) 问学校主体推改革，探索新工科自主发展、自我激励机制

充分发挥办学自主权和基层首创精神，增强责任感和使命感，改变"争帽子、分资源"的被动状态，只争朝夕，撸起袖子加油干。利用好新工科这块试验田，推进高校综合改革，建立符合工程教育特点的人事考核评聘制度和内部激励机制，探索高校教师与行业人才双向交流的机制。工科优势高校、综合性高校、地方高校要根据自身特点，积极凝聚校内外共识，主动作为、开

拓创新，开展多样化探索。

（5）问内外资源创条件，打造工程教育开放融合新生态

优化校内协同育人组织模式，通过建立跨学科交叉融合的新型机构、产业化学院等方式，突破体制、机制"瓶颈"，为跨院系、跨学科、跨专业交叉培养新工科人才提供组织保障。汇聚行业部门、科研院所、企业优势资源，完善科教结合、产学融合、校企合作的协同育人模式，建设教育、培训、研发一体的共享型协同育人实践平台。推广实施产学合作协同育人项目，以产业和科技发展的最新成果推动工程教育改革，到2020年，争取每年由企业资助的产学合作协同育人项目达到3万项，参与师生超过10万人。

（6）问国际前沿立标准，增强工程教育国际竞争力

立足国际工程教育改革发展前沿，研判发达国家工程教育新趋势、新策略，以面向未来和领跑世界为目标追求，提出新工科人才培养的质量标准。深化工程教育国际交流与合作，既培养一批认同中国文化、熟悉中国标准的工科留学生，又鼓励具备条件的高校"走出去"，面向"一带一路"沿线国家培养工程科技人才、工程管理人才和工程教育师资。完善中国特色、国际实质等效的工程教育专业认证制度，将中国理念、中国标准转化为国际理念、国际标准，扩大我国工程教育的国际影响力，实现从"跟跑并跑"到"并跑领跑"。

4.3.1.2　新工科建设指导意见

2017年6月9日，教育部在北京召开新工科研究与实践专家组成立暨第一次工作会议，审议通过了《新工科研究与实践项目指南》，并提出了新工科建设指导意见。

（1）明确目标要求

深入贯彻习近平总书记系列重要讲话精神和治国理政的新理念、新思想、新战略，全面落实立德树人的根本任务，面向产业界、面向世界、面向未来，以一流人才培养、一流本科教育、一流专业建设为目标，以加入《华盛顿协议》为契机，以实施"卓越工程师教育培养计划2.0版"为抓手，加快建设和发展新兴工科，持续深化工程教育改革，培养德学兼修、德才兼备的高素质工程人才，探索形成中国特色、世界水平的工程教育体系，加快从工程教育大国走向工程教育强国。

（2）更加注重理念引领

坚持立德树人、德学兼修，强化工科学生的家国情怀、国际视野、法治意识、生态意识和工程伦理意识等，着力培养“精益求精、追求卓越”的工匠精神。树立创新型工程教育理念，提升学生工程科技创新、创造能力；树立综合化工程教育理念，推进学科交叉培养；树立全周期工程教育理念，优化人才培养全过程、各环节，培养学生终身学习发展、适应时代要求的关键能力。全面落实“学生中心、成果导向、持续改进”的国际工程教育专业认证理念，面向全体学生，关注学习成效，建设质量文化，持续提升工程人才培养水平。

（3）更加注重结构优化

加强工程科技人才的需求调研，掌握产业发展最新的人才需求和未来发展方向，优化学科专业结构。一方面，加快现有工科专业的改造升级，体现工程教育的新要求；另一方面，主动布局新兴工科专业建设，积极设置前沿和紧缺学科专业，提前布局培养引领未来技术和产业发展的人才，争取由“跟跑者”向某些领域的“领跑者”转变，实现变轨超车。

（4）更加注重模式创新

完善多主体协同育人机制，突破社会参与人才培养的体制、机制障碍，深入推进科教结合、产学融合、校企合作。建立多层次、多领域的校企联盟，深入推进产学研合作办学、合作育人、合作就业、合作发展，实现合作共赢。推动大学组织创新，探索建设一批与行业企业等共建共管的产业化学院，建设一批集教育、培训和研究于一体的区域共享型人才培养实践平台。探索多学科交叉融合的工程人才培养模式，建立跨学科交融的新型组织机构，开设跨学科课程，探索面向复杂工程问题的课程模式，组建跨学科教学团队、跨学科项目平台，推进跨学科合作学习。强化工程人才的创新创业能力培养，完善工科人才“创意—创新—创业”教育体系，以创新引领创业、创业带动就业，广泛搭建创业孵化基地、科技创业实习基地、创客空间等创新创业平台，提升工科学生的创新精神、创业意识和创新创业能力。探索个性化人才培养模式，鼓励学生在教师指导下，根据专业兴趣和职业规划，选择专业和课程，给学生个性化发展提供更加广阔的空间。探索工程教育信息化教学改革，推进信息技术与工程教育深度融合，创新“互联网＋”环境下工程教育教学方法，提升工程教育效率，提高教学效果。扎根中国、放眼全球，推进工程教育国际化，围绕“一带一路”倡议实施，构建沿线国家工科高校战略联盟，共同打造工程教育共同体，提升我国工程教育国际影响力和对国家战略的支撑能力。

(5) 更加注重质量保障

加强工程人才培养质量标准体系建设，制定并发布理工科专业类人才培养质量标准，作为专业设置、专业建设、教学质量评估等遵循的依据。按照新工科建设要求，研制新兴工科专业质量标准，引导高校依据标准制订和优化人才培养方案。建立完善中国特色、国际实质等效的工程教育专业认证制度，把专业认证作为建设一流本科的重要抓手和基础性工程，用国际实质等效的标准引导专业教学，不断改进和提高专业人才培养质量。制定符合工程教育特点的师资评价标准和教师发展机制，探索与新工科相匹配的师资队伍建设路径，强化教师工程背景，对教师的产业经历提出明确要求并积极创造条件。推动高校形成内生的、有效的质量文化，强化生命线意识，将质量价值观落实到教育教学各环节，将质量要求内化为全校师生的共同价值追求和自觉行为。

(6) 更加注重分类发展

促进高校在不同层次、不同领域办出特色、办出水平，工科优势高校要对工程科技创新和产业创新发挥主体作用，综合性高校要对催生新技术和孕育新产业发挥引领作用，地方高校要对区域经济发展和产业转型升级发挥支撑作用。努力培养不同类型的卓越工程人才，全面提升工程教育质量。

(7) 形成一批示范成果

各类高校要审时度势、超前预判、主动适应、积极应答，根据办学定位和优势特色，深入开展多样化探索实践，努力在以下若干方面大胆改革、先行先试，实现重点突破，形成一批能用、管用、好用的改革成果。

建设一批新型高水平理工科大学；

建设一批多主体共建共管的产业化学院；

建设一批产业急需的新兴工科专业；

建设一批体现产业和技术最新发展的新课程；

建设一批集教育、培训、研发于一体的实践平台；

培养一批工程实践能力强的高水平专业教师；

建设一批跨学科的新技术研发平台；

建设一批直接面向当地产业的技术创新服务平台；

形成一批可推广的新工科建设改革成果。

4.3.2 新工科建设方向

新工科建设背景下各类人才培养的新要求和新方向，转变教育理念，调整专业布局，优化培养目标，更新课程体系，改造教育生态，提高教师素质，改进教学方法，完善保障机制。

4.3.2.1 转变教育理念

我国高校要借鉴工程教育认证的核心理念，尽快实现“三个转变”。工程教育认证的核心理念是：以学生为中心（Student-Centered），成果导向（Outcome-Based），质量持续改进（Continuous Quality Improvement）。“三个转变”是：从教师中心向学生中心转变，从学科导向向成果导向转变，从教学监控向持续改进转变。

（1）从教师中心向学生中心转变

以教师为中心关心的是：教学设计主要取决于教什么，教学过程主要取决于怎么教，教学评价主要取决于教得怎样。

以学生为中心关注的重点是：教学设计主要取决于学什么，教学过程主要取决于怎么学，教学评价主要取决于学得怎么样。

以学生为中心不是学生想怎么样就怎么样，也不是说学生的地位要高于教师的地位。其实，以学生为中心不是以少数优秀学生为中心，也不是以多数学生为中心，而是以全体学生为中心。

目前国内各高校都在宣传以学生为中心，但以学生为中心的可操作方案却不多见。所以在具体操作中还是以教师为中心。比如：上课使用同一教材，执行同一计划，保持同一进度，课堂教学成了标准“套餐”，无论学生胃口大小、口味轻重，每人一份填进肚里。至于胃口大的会不会饿着，胃口小的会不会撑着，口味不好的会不会倒胃，很少有人过问，只要按教学计划讲完预定内容就算完成任务。

工程教育专业认证提出了以学生为中心的具体的可操作方案：教育目标围绕学生的培养；教学设计聚焦学生的能力培养；师资与教育资源满足学生学习成果的达成；教学评价的焦点是对学生学习成果的评价。以学生为中心不是只让学生忙，老师不忙，而是学生忙，老师也很忙，只不过老师们忙的是真正的教育教学工作。

(2) 从学科导向向成果导向转变

成果导向教育(Outcome-Based Education,OBE)是指教学设计和教学实施的目标是学生通过教育过程最后所取得的学习成果(learning outcomes)。成果导向强调以下四个问题:

① 我们想让学生取得的学习成果是什么?

② 我们为什么要让学生取得这样的学习成果?

③ 我们如何有效地帮助学生取得这些学习成果?

④ 我们如何知道学生已经取得了这些学习成果?

传统的教学设计是以课程为导向(Course-Based Education)的,从通识基础课、学科基础课、专业基础课到专业课,教师只要把课讲完,学生只要每门课程考试合格,就达到毕业要求。在这种设计中,教师的授课进度和授课质量就成了主要事情,以教师为中心是自然而然的。

工程教育专业认证提出的成果导向教育完整说明了学校定位、培养目标、毕业要求、课程体系、教学活动、师资及教学资源之间的关系:利益相关各方的需求决定学校定位;学校定位决定专业培养目标;专业培养目标决定学生毕业要求;毕业要求决定课程体系;课程体系决定教学活动设计、师资及教学资源配置。这是一个由上向下设计、由下向上支撑的过程。

(3) 从教学质量监控向质量持续改进转变

我国高校目前的教学质量管理处于监控的初级阶段,初步具备了监督、调控功能,但缺乏改进功能。一个功能完善的质量管理体系应该具备"闭环"特征,即通过监督功能发现偏差,通过调控功能纠正这些偏差,再通过改进功能分析产生这些偏差的原因,并对系统进行改进。也就是说,这三个功能是首尾相接、形成闭合回路的。

工程教育认证的质量持续改进过程可实现如下功能:

① 能够持续地改进培养目标,以保障其始终与学校的内、外部需求相符合;

② 能够持续地改进毕业要求,以保障其始终与学校的培养目标相符合;

③ 能够持续地改进教学活动,以保障其始终与学生的毕业要求相符合。

但是,目前许多高校的质量管理体系在不同程度上存在一些缺陷:组织机构不健全,职责不明确;未能覆盖质量管理全过程和参与质量活动的全体人员；重监督、轻控制、缺改进，没有形成闭合循环。因此，高校需要建立常态评价机制并不断改进；培养目标、毕业要求、教学环节都要进行评价；每个教师在质量持续改进中均承担责任；质量持续改进的效果通过学生的表现来体现。质量持续改进为高校提供了可操作的评价方法，评价的唯一目的是改进。

4.3.2.2 调整专业布局

（1）加强人才需求的调研，掌握产业发展最新的人才需求和未来发展方向。

（2）主动增设新兴专业或专业方向。注重专业或专业方向设置的前瞻性，积极设置前沿和紧缺的专业或专业方向，加快建设和发展新兴工科，提前布局培养未来科技和产业发展急需的专业人才。

（3）加快传统专业的改造升级。结合社会发展的新需求、学科交叉融合的新趋势、科学研究的新成果，拓展传统专业的内涵和建设重点，形成新课程体系，打造传统专业的升级版，服务产业转型升级、向价值链高端发展。

（4）积极推动学科专业的交叉融合，加强复合型工程技术人才的培养。

4.3.2.3 优化培养目标

在确定专业（尤其是升本专业）人才培养目标和培养规格时，不仅要考虑当前，还要考虑未来社会对人才的要求；不仅要考虑对专业知识、能力与素质的要求，还要加强通用能力与素质的培养，如国家情怀、全球视野、法制意识、生态意识、创新创业、跨学科（专业）交叉融合、设计思维、工程思维、批判性思维和数字化思维、自主终身学习、沟通与协商、工程管理与领导等能力与素质。

4.3.2.4 更新课程体系

将产业和科技的新发展、行业对人才培养的新需求引入教学过程，及时更新教学内容和课程体系，包括：增加反映最新技术的新课程或新内容；加强实践环节；增加选修课比重；完善创新创业课程体系；重视第二课堂的育人效果，提升第二课堂建设水平。

4.3.2.5 改造教育生态

深入探讨校企协同、校内协同育人的组织模式，组建优势互补、成果共享、利益共赢的人才培养共同体；探索学科交叉融合的工程人才培养模式；

扩建集教育、培训、项目开发于一体的实践教学基地；搭建更多的创新创业实践平台，强化学生创新创业意识和能力的培养。

4.3.2.6 提高教师素质

制定符合工程教育特点的师资评价标准，调整教师职位晋升办法，给在工程教育教学工作中成绩突出的教师以各类荣誉和奖励，鼓励教师自觉强化自身的工程背景，提高教学能力、专业水平、工程经验、沟通能力和职业发展能力。采用各种方法聘请有丰富工程实际经验的工程师来校教学、指导学生；建立持久有效的校企合作机制，创造条件鼓励教师积极与对口企业加强合作与交流。

4.3.2.7 改进教学方法

基于工程教育理念，尽快实现“五个转变”，即：从灌输课堂向对话课堂转变、从封闭课堂向开放课堂转变、从知识课堂向能力课堂转变、从重学轻思向学思结合转变、从重教轻学向教主于学（教之主体在于学）转变。推广泛在学习、混合学习、STEAM（科学、技术、工程、艺术和数学）学习、合作学习等现代学习理论和学习方法。推广信息化教学，推广应用在线开放课程，推进移动互联与传统教学的整合、泛在学习与传统学习的联合、虚拟现实与实训的有机结合等新的教学模式；推广网络课堂、数字教学资源库、虚拟仿真、多媒体教学、翻转课堂、移动学习、慕课（MOOC）、微课等信息化教学手段；借鉴 CDIO（构思、设计、发现和运作）工程教育理念和 UBL（通用商业语言）教学模式，普及项目化教学。

4.3.2.8 完善保障机制

健全质量管理机构，重新明确部门权限和岗位职责，确保质量管理工作组织落实、职责到位、畅通高效。完善教学管理规章制度和质量控制机制，建立全方位、立体化、具有预警和持续改进功能的教学质量控制体系，对主要教学环节实施全方位有效监控，形成检查→分析→评价→反馈→改进→检查的闭环机制。建立对生源情况、应届生就业情况、在校生学业状况进行年度分析的制度。借鉴 PDCA 循环管理理念，把人才培养质量控制过程分成若干个子过程，每个子过程均按“计划（Plan）、执行（Do）、检查（Check）、处理（Action）”的思路组织实施，使人才培养质量螺旋式持续提升，如图 4-1 所示。

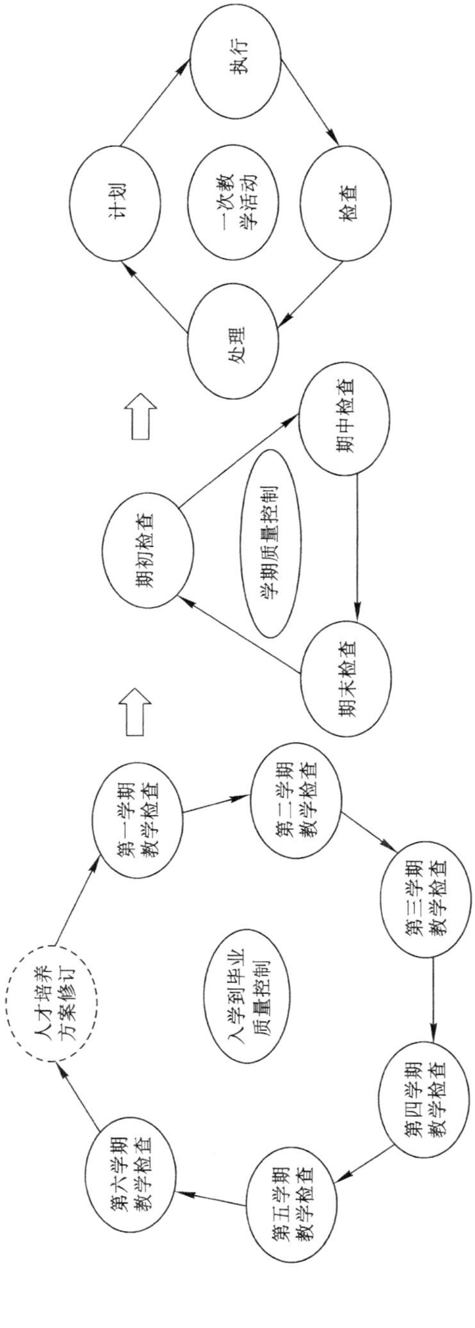

图 4-1 基于 PDCA 的教学质量控制模型

4.4 国外高校工科专业改造升级案例分析

国外情况采取个案研究法进行分析，分别选取美国、英国和德国的三所顶尖高校，通过梳理其工科专业改造的目标及内容，分析其改造特点，以期为我国工科专业改造升级提供有益参考。

4.4.1 美国麻省理工学院的工科专业改造升级路径

2017 年，我国与麻省理工学院(Massachusetts Institute of Technology, MIT)同一时期提出了工程教育改革计划，MIT 在整理全球工程教育改革资料期间，曾到我国了解新工科建设情况。同年 8 月，MIT 启动了“新工程教育转型”(New Engineering Education Transformation, NEET)计划，旨在培养能够引领未来产业发展的领导型工程人才，代表了美国工程人才培养的最新发展方向。

4.4.1.1 以学生为中心的培养目标

MIT 此次的 NEET 计划是对工程教育改革的系统反思，基于以学生为中心的教育理念，聚焦于学生学习的方式和内容，目的是通过优化专业内部结构建设，更新教学方式和课程内容，培养能够引领未来产业和社会发展的领导型工程人才，不仅在于适应社会，更倾向于引领社会。

4.4.1.2 NEET 计划的主要改革内容

(1) 发展方向

面向未来的新机器与新工程体系。MIT 认为，工程教育的取向应从现实转向未来，即从关注当前产业界发展转向未来产业界发展。通过对社会产业发展趋势进行预测，MIT 认为未来产业界发展面向新机器与新工程体系。新机器是对工程师所制造出来的工程人工物的统称；新工程体系则是由新机器所组成的产业体系。

(2) 出发点

为学生未来职业选择的灵活性奠定基础。MIT 强调以学生为中心的教育理念，尊重学生个体需求，赋予工程人才更为灵活的职业选择，涵盖从工程制造者到工程发现者的广阔工程职业领域。MIT 通过向学生传授基础知识，为工程人才的专业化培养奠定基础，接下来根据学生的个体差异、学生兴趣等为学生提供不同的授课内容，全程围绕学生为中心，充分尊重学生意见反馈。

（3）教学方式

关注学生的学习过程。MIT 以往以学科知识为中心，关注课程的内容是否得以系统性传授。此次 NEET 通过转变教学思路，系统反思学生想要学到什么以及学生如何学到的问题，回归教育本质，将核心落在工程人才的培养上，将学生置于工程教育活动的中心。在选择教学方式时，充分考量学生个体差异，选择适合学生个体发展的学习方式，综合项目学习、团队合作、信息化教学等手段，激发学生的主动探究与自学能力。

（4）改革重心

更加注重思维方式的养成。MIT 认为在未来产业界，工程人才在应对未知挑战时需要的不仅仅是知识、技能，更需要恰当的思维方式去梳理、解决问题。基于此，MIT 更加注重学生工程思维的养成，提出新工科人才应具备的多种思维方式。这些思维方式既涉及工程人才的工程思维，也涉及科学思维与人本思维，包括创造性思维、人本主义思维等，充分体现了 MIT 的 NEET 计划所强调以学生为本的理念。

4.4.1.3 MIT 工科专业改造升级的特点

MIT 新工程教育改革思路体现出多重逻辑，具体可归纳为以下四个方面，见图 4-2。

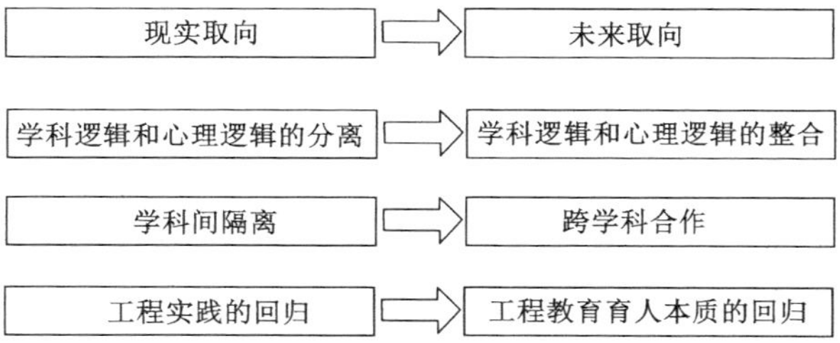

图 4-2 新工程教育改革的逻辑

（1）现实取向到未来取向

高校工程教育内容的更迭总是慢于工业发展速度，MIT 认为以往工程教育培养的工程人才总是追随或落后于社会脚步，想要改变现状需要转变工程人才的思维模式，所以此次新工程改革的重心落在思维方式的养成上，对工程人才提出十一种工程思维养成的新要求。通过这种方式诠释了“授人以鱼不如授人以渔”的道理。

（2）学科逻辑与心理逻辑的分离到整合

学科逻辑强调认知能力的训练，而心理逻辑关注实践经验的获取，两者体现了不同的教育价值取向。MIT 此次改革采取了整合学科逻辑与心理逻辑的策略。整合的路径体现为“串联”，即围绕某一主题构建的一系列相互衔接、难度递增的子项目的有机集成。通过项目，基于学科的内容构成，遵循学生心理发展规律，促使学生在实践经验的获取过程中强化认知能力。

（3）学科隔离到跨学科合作

传统的工程教育呈现出学科专业本位的现象，强调学生对学科知识的系统性习得。随着工程内容日益复杂，需要进一步细化学科知识，以专业的形式整合知识体系，由此加深了专业与专业之间的隔离。MIT 此次尝试跨学科培养工程人才，通过确立工程人才培养本位观，以人才培养逻辑和人的发展逻辑取代学科本位逻辑，打破各专业之间的隔离。同时，通过组建跨学科任务组、制定串联标准等方式整合跨学科资源。

（4）回归工程实践到回归工程教育的育人本质

工程范式强调工程人才的实践能力养成，以服务产业界需求为导向，体现出一定程度的被动性。此次 MIT 回归工程教育育人本质，基于学生的实践能力的养成，更加注重工程人才思维方式的引导，以复合型工程人才培养为导向，通过关注学生学习兴趣、学习内容、学习方式等手段培养学生的工程思维、科学思维及人本思维，使其成为能够引领未来工程产业发展的工具理性与价值理性兼具的人本式工程人才。

4.4.2 英国帝国理工学院的工科专业改造升级路径

英国帝国理工学院（Imperial College London，IC）的工程教育重视教育与工业应用的紧密联系，逐渐形成了经验导向的工程教育学习理念。近年来，随着“第四次工业革命”的深刻影响，IC 以“为学生提供足够的工业经验”“对接行业、产业需求”作为工程教育课程改革的主导方向，在工科专业建设过程中融入了更多经验导向的课程模块。

4.4.2.1 以需求为导向的培养目标

IC在课程改革上注重行业、产业对工程人才的需求，通过丰富的教学内容和方式培养适应社会发展的各项能力，其目标体现在对以下四项能力的培养上：

第一，通过小组学习、合作试验、项目合作等形式培养工程人才的团队协作能力和责任意识等，即团队技能。

第二，为学生提供一定的科学方法去获取和分析数据，继而训练学生在陌生环境或复杂情景下解决问题的能力，即创新能力和解决问题的能力。

第三，通过谈话、辩论、会议发言等方式训练学生专业性的口头表达与沟通能力。

第四，在职业技能范畴内主要培养工程人才的可迁移能力，如分析与决策能力、沟通与人际交往能力、创新与改革能力等。

4.4.2.2 以经验为导向的改革内容

（1）课程结构

IC的每个工科专业均有独立的课程计划，规定了具体的专业培养目标、课程结构、评价指标等。现以机械工程专业为例，说明各类课程的组织原则和组织结构。机械工程专业的本科培养目标是"准工程师"。在四年制的课程计划中，一年级开设基础的工程科学课程，如数学、设计、计算机辅助设计等；二年级学生可根据自身情况选择学校提供的必修和选修模块课程；三年级所有学生需参加团队设计项目和文献研究项目；四年级所有学生需开展独立的毕业设计项目。

该专业基于工业经验的课程计划主要包括以下四部分：

第一，工业经验。IC认为高素质的工程人才不仅要理解物理科学，还需要理解应用科学的各种限制条件，如材料特性、人类行为、环境影响等。因此，工程教育应包括在工业背景中学习工业经验的时间。

第二，企业经历。IC的大部分工科专业与企业保持着合作关系，采用"2-1-2-1"模式，即两年校内学习与一年企业工作交叉进行。

第三，工业实习。作为课程计划的组成部分，实习一般在本科阶段第一学年进行。

第四，国外经验。在学生毕业前的最后一学年，如果学习成绩优秀且外语水平较高可申请公费留学。

（2）学习内容

IC的课程内容具有灵活性，根据不同的课程类型呈现不同的形式。学校层面的课程类型具体可分为6类：理论课程的经验环节，其课程包括现场建造、技术发展等；独立的工业经验课程，其课程包括创意设计项目、国际交换生活动等；学校主导的校外活动，其课程包括支教联络会、志愿者中心活动；学生主导的课外活动，其课程包括能源改造、高原探险等；信息交流平台活动，其课程包括信息共享、观点表达等；其他课外活动，包括协会活动、兴趣小组等。其中工业经验类型课程分为直接经验和间接经验两类。

（3）教学方式

IC的工科专业教学方式可总结为四个关键词，即"实践""辅导""项目""企业工作和国外留学"。

第一，实践。实践形式多样，可以是模拟实验、企业实习或技能培训。

第二，辅导。通过小组交流的方式，组内导师负责引导、激励学生，促进组内学生思想交流，类似于头脑风暴的组织形式。

第三，项目。基于项目进行理论传授及实践体验，使学生接触到完整的工程项目流程，并最终获得原创性作品。

第四，企业工作和国外留学。IC的企业工作类似于国内的工学交替模式，通过真实的职场模式使学生提早进入工作状态。留学的形式多以交换生为主，通过国外留学经验开阔工科专业学生的国际视野。

（4）学习评价

IC结合形成性评价和终结性评价的优势对学生的学习进行全方位的测量。在形成性评价过程中，学生可以通过常规的书面考试、汇报演示、实验报告等多种渠道了解自己对知识技能的掌握情况。同时，学生还可以通过教师对测验问题的评析、教师对学习难点存在共性问题的解答等途径获得学习反馈。在学习过程中，学校鼓励学生随时开展自我评价，以此进行自我学习计划调整。对于终结性评价，IC认为考试是检验学业的有效方式，因此制定了严格的考试制度。通过不同阶段的考试，考查学生在限定时间内回答问题的数量和质量，综合各门课程内容并促进学生按时完成学业，以此激发学生保持学习动力，提升学习效率。

4.4.2.3 IC工科专业改造升级的特点

IC基于经验导向的专业建设途径，为学生的跨学科学习提供了支持，为工科学生获取实践经验提供了机会。归结而言，IC 的经验导向具有以下几个特征：

第一，以社会需求为导向，在工科专业的课程体系构建中融入工业经验，对接行业、企业前沿发展，实现从学校导向到雇主导向的转变。

第二，实现高校与工业界学习资源的双向输入，其形式多样且灵活，包括教师到企业挂职工作、高校科研专利成果的转化生产、企业为高校课程资源提供行业资料、企业专家进校指导工程项目等。

第三，提供多元化的经验学习类型，涵盖校内校外、主动被动、理论实践等多种形式，满足学生多元需求。

第四，学生自主的学习方式。基于“一切依靠学生，一切为了学生”教育信念，IC 毕业生的自学能力和工作成效得到了工业界雇主的认可，受到了工程学术界的尊重。

第五，重视工程人才的非技术能力培养。IC 除对学生开设经验导向的工程教育课程外，同样重视对跨界整合、团队合作、沟通表达、工程管理和工程背景等非技术要素的能力培养，旨在发散学生的思维模式。

第六，工程设计项目的内容取材于现实企业，基于工业界实际问题的解决。在 IC，所有工程项目的组织结构、管理模式以及项目所需的材料和设备都按照工业企业的实际运作配置，旨在为学生提供真实的工程实践背景。

4.4.3 德国慕尼黑工业大学的工科专业改造升级路径

在科学技术和学科发展变幻莫测的时代，德国慕尼黑工业大学(Technical University of Munich，TUM)通过敏锐的洞察力，从跨学科矩阵式学术组织模式到产教融合，制定了适应科学发展和社会现实需求的发展战略。

4.4.3.1 对接社会发展的培养目标

TUM 自建校以来，一直保持其持续竞争力，走在工程教育发展前沿，其目标定位为创业型大学，即“为我们前进道路上所遇到的面临社会问题的重大挑战寻求解决方案”。随着“第四次工业革命”的到来，TUM 通过调整院系、专业的学术组织结构实现多学科交叉融合，对接行业、企业深化产教融合等手段适应不断变化的社会需求发展。

4.4.3.2　多层次发展的改革内容

（1）调整学术组织结构

TUM 依托于传统的学术组织结构构造矩阵式的跨学科学术环境，结构中的不同组织都处在水平状态，以这种形式鼓励各级组织赋权，见图 4-3。

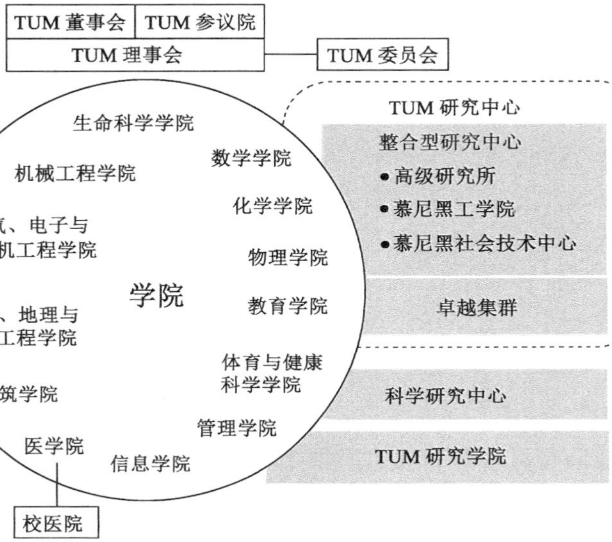

图 4-3　慕尼黑工业大学组织结构图

由 TUM 董事会、TUM 参议院进行宏观调控，下级各组织拥有很大程度的独立自主权，各自承担着不同的责任，如 TUM 研究中心主要承担着跨学科研究的责任，同时各组织之间进行着形式多样的合作研究。TUM 研究中心包含整合型研究中心和卓越集群，整合型研究中心又包括高级研究所、慕尼黑工学院和慕尼黑社会技术中心，各单位被赋予不同职责，承担了高级项目研究、跨学科工程教育、前沿技术创新等科研任务。TUM 研究中心为来自学校各学院的教师及校外的研究学者提供了开展教研活动的实体平台。近年来，TUM 研究中心通过协同多方意见，在现有专业课程中进行交叉性知识传授，探索人类在未知领域面临挑战的解决途径。TUM 科学研究中心主要负责高度专业化领域的前沿工作，依托各学院专业，综合校外合作伙伴意见，选择新兴领域进行深入研究。其涉及面广且形式多样，可以自主开展基础研究，也可以同其他学院合作进行跨学科研究，也可以和企业展开合作进行应用研究。

(2) 深化产教融合，反哺创业文化

TUM常年与德国的知名企业，包括宝马、莱尼、西门子等进行持续合作，通过聘请公司高层人员开设课程或担任客座教授、教师挂职培训、学生进企业实习等实现企业与学校资源双向输入。在TUM，大部分工科学生的毕业论文是在企业实习期间确定选题并完成撰写的，将理论与实践有机结合形成真正解决现实需求的学术成果，真正做到"课题做在车间里，论文写在产品上"。近年来，TUM连接覆盖全球范围的校友网络，通过"校友网络"支持学校创新创业生态体系的建设。此外，TUM为了培养工程人才的创新创业能力，建立了诸如创新创业研究所、社会创业学会、慕尼黑工业大学创业基金等组织机构。其中每一个组织机构在创新创业的生态体系中承担着不同的责任，包括创业指导、资金筹措、小型企业孵化等工作，各自拥有其独立的运作流程和管理模式，对校园内各级各类创新创业活动进行全方位的支持。

4.4.3.3 TUM工科专业改造升级的特点

在"第四次工业革命"的背景下，TUM能够通过敏锐的洞察力制定适应科学发展和满足社会现实需求的发展战略，并在革新式创业战略模式的推动下，对其跨学科组织机构和产学研体系进行相应调整，保持自身的先进性，始终能够走在德国高等教育甚至是全球顶尖研究领域的最前端。

(1) 聚焦现实需求，构建矩阵式跨学科学术组织结构

社会问题动态复杂，对工程人才的需求多维且难以预测，TUM认为培养工程人才解决未来问题的思维方式尤其重要。为此，TUM形成的跨学科学术组织机构实质是基于学生跨界整合能力的培养平台，对工程人才的能力培养提供平台支撑。另外，TUM各学院培养的优秀工程人才与跨学科研究机构形成人才双向输送关系，跨学科研究机构通过将各学院培养的专业性工程人才聚集在一起，进行跨学科交流，丰富专业人才的知识储备；具有跨学科意识的工程人才再反哺各学院跨学科方向的发展，形成良性循环，具有跨学科战略导向的特点。

(2) 融合产学研体系，构建创新创业文化生态系统

TUM以市场为导向，深化校企合作，为学生的创新创业精神培养构

建支持性平台。通过矩阵式跨学科学术组织，为学生提供多学科领域知识，激发学生创新思维；通过校企合作，转化科研成果、吸收创业经验，从而形成一套市场导向的创业文化生态系统；通过连接全球范围的校友网络，反哺校园创新创业文化建设。在TUM，以上各种方式都服务于学生的创新创业能力以及跨界整合能力的培养，在学生具备扎实的基础知识和专业技能后，创新创业体系作为启蒙学生职业生涯的辅助性教学计划加以实施。

TUM在学科组织再造战略的基础上开创了革新式创业型大学的发展历程，在跨学科学术组织治理结构、产教融合等方面展开了一系列创业型大学变革措施，这些措施充分体现了服务学生培养、跨学科战略导向、聚焦重大现实需求的学科组织变革、广泛的外部参与机制等特点。

4.4.4 我国对国外工科专业改造升级的借鉴

4.4.4.1 以学生为中心的工程教育理念

以人为本的教育理念在我国得到广泛认同，一直是教育改革所关注的重点，近年来在全国中小学取得很大的成效。以学生为中心的工程教育理念在高校工科建设过程中同样适用。MIT的新工程教育改革是对工程教育的一次系统性反思，以学生的学习内容和学习方式为重点，改革内容围绕学生为中心，在教学方式上关注学生的学习，在教育中心上强调学生思维方式的养成，整个过程更加关注学生的个体需求与职业兴趣。在我国，以学生为中心的教育意味着要辩证地认识教师与学生在教育教学过程中分别承担的责任与角色，实现“教师主导、学生主体”的辩证统一，改变人们传统的师生观念，淡化以往应试教育所带来的消极影响。以学生为中心是各类教育都适应的先进理念，在高校进行工科专业改造升级过程中应契合成果导向教育理念，关注回归教育的本质，更加关注学生的发展，将学生的学习置于教育活动的中心位置。

4.4.4.2 回归工程实践的需求导向定位

在IC的工程学习模式中，经验成分取材真实的工业经验，经验导向的背后实质是“回归工程实践”的教育理念，而最终目标则面对现实社会的切实需求，即需求导向理论。当前，雇主对工程人才的实践能力愈加重视，理论与实践两者在课程价值取向中需要取得一个平衡。帝国理工学院的经验导向改革内容在这方面设计较为合理，其中简单易懂的理论知识需要学生自主获取，复杂难懂的理论知识则需要教师引导，融合实践进行传授，这对学习者的要求较高，需要学生主动积极参与经验活动，在参与过程中总结经验；需要学生掌握强大的分析技能以对经验概念化；需要学生掌握决策和问题解决的技能，在经验参与过程中获取新想法付诸实践。这些条件，对我国工科学生的培养既是机遇又是挑战，在应用经验导向的培养内容前需要完成学生基本素质的提升，包括夯实专业基础知识、具备科学的研究方法以及自主学习的能力等。

4.4.4.3 拓展至跨学科领域的专业建设

未来新业态对工程人才的需求不仅表现在人才类型上的多样化，还表现在同一类型人才的知识与能力结构的复合，TUM 面向现实的重大需求，选择从根本上构建跨学科学术组织结构与治理机制，为各学院教师、学生与外界科研人员汇聚一处进行跨学科研究提供稳定的平台和有力的制度保障，同时为跨学科研究中各项资源的灵活配置提供环境保障，使学校能够及时集结面向新兴挑战的学术集群，在国际上和科学前沿领域始终保持强劲的、持续的组织竞争力。除此之外，柔性化的课程体系、跨学科的科研项目也是支持跨学科课程实施的有效方式，能够使学生将不同学科的知识、原理和技术用于解决不同情境下的复杂工程问题。

4.4.4.4 构建产教融合的多方合作网络

多方合作是工程教育面对未来社会发展必须采取和高度重视的教育模式，广泛的外部社会参与在学生的整个职业生涯初始阶段起到至关重要的启蒙作用。借鉴 TUM 在产教融合方面丰富的经验，在工科专业改造升级过程中构建全面合理的利益相关者参与机制，积极开发外部社会网络，构造集成性、实践性、创造性三位一体的跨学科整合型教育体系，为学生提供多元化的跨学科教学平台；广泛吸引外部社会力量参与，不仅限于企业、研究所、银行、基金会等，联合全球范围内的学术伙伴和企业伙伴，拓展合作网络的边界，整合全球“校友网络”体系，在培养学生科学精神的基础上为其提供充分的创新创业实践机遇，对我国人才布局的调整起到一定的优化作用。

4.5 新工科背景下国内工科专业改造升级路径

4.5.1 规划新型工科专业建设的行动路线

对传统工科专业改造升级从而形成新型工科专业这一过程需要由理念引导行动，进而根据实际情况和专业目标探索有效可行的改造方式，通过搭建实体或非实体平台对新型工科专业建设进行支撑，最后以动态专业调整机制为新型工科专业适应社会发展提供有力保障。

4.5.1.1 确立新型工科专业的教育理念

专业的教育理念需要随着教育在经济社会发展中的角色转变进行及时调整，在工科专业改造升级的整个过程中需要由以下四个新的教育理念去指引方向、引导行动。

(1) 服务国家战略。各国以经济、科技、人才为核心的综合国力博弈异常激烈，从人才培养而言，高校任重道远。从工程学科对国家经济社会发展应承担的重大使命而言，高校在工科专业建设上应该主动服务于国家提出的一系列重大战略，主动布局、建设和发展与国家战略相关的工科专业，是深化新经济发展人才支撑体系供给侧结构性改革的首要任务。因此，工科专业改造升级作为工程教育改革范畴的工程人才培养选题，其教育理念必然要服务国家战略，满足我国经济、科技等各方面的飞速发展。

(2) 对接产业和行业。工科专业的改造升级要主动对接产业和行业需求，通过调研分析，准确地把握经济社会发展和产业、行业对工程人才的知识、能力需求，设置市场需要的专业并及时培养相应的工程人才。在此基础上，不能止步于紧跟社会经济发展，还要担负起引领发展的责任，通过对产业、行业当前发展状况和未来发展环境进行战略性分析和预测，及时调整相关专业结构和建设方向，提前培养各类高素质的工程人才，引领当前产业和行业的未来发展。

(3) 跨界整合资源。面向新业态的新型工科专业需要整合以下三个方面的资源：

第一，需要拓展至跨学科领域培养工程人才，在新型工科专业建设中离不开各学科之间的有机融合，使学生能够运用所学知识解决社会复杂问题的综合能力。

第二，需要对接社会科技发展前沿，保证工程人才在社会发展中不落后。

第三，主要面对新业态背景下的工业形态，整合新业态下各环节的全周期工程教育，培养学生全生命周期的系统工程观。

(4) 以学生为中心。专业改造升级的最终目的指向工程人才的培养，因此，必须树立以学生为中心的理念，并将这一理念贯穿于专业改造升级全过程。基于成果导向教育对以学生为中心的表述以及MIT的学科逻辑和心理逻辑的整合，这一理念强调学生的学习成效和未来发展，要求围绕着学生的个性、兴趣和潜力等方面开展教育工作：根据个体差异，因材施教；培养学生兴趣，激发其探索热情；挖掘学生潜力，为其将来发展奠定基础。

4.5.1.2 探索形成新型工科专业的方式

对传统和现有的工科专业进行转型升级，由此形成新型工科专业，这是基于新业态对传统工科专业人才培养的新要求，尤其是人工智能、大数据、云计算、物联网等新技术对传统和现有工科专业的影响，需要围绕专业培养目标，从两个方面探索这些工科专业转型、改造和升级的途径和方式。无论哪种途径都需要有市场调研和行业专家的科学论证，不可盲从热门专业。一方面，传统工科专业的信息化、数字化和智能化。通过融合现代信息技术，使传统工科专业重现生命力。这方面体现在各个层面的渗入，可以在专业课程中加入信息技术类课程，例如建筑学专业加入建筑信息模型，实现互联网＋建筑行业的技术连接，通过数字信息仿真模拟建筑物所具有的真实信息，构建工程人才复合型知识体系。另外，可在教学方式中融入信息技术，包括非实体平台的建立、网络课程资源的共享、大数据分析的应用等。另一方面，其他学科对传统工科专业的介入渗透。专业建设需要多门学科的支持，不同于普遍的一级学科下的二级进行交叉融合，新型工科专业需要的是传统的工科与其他学科进行交叉，情况更为复杂，工科类专业的课程可以根据社会需求拓展至管理学、军事学甚至农学领域。另外，可依据实际情况通过学科交叉形成新的课程，或将不同学科下的课程进行重组形成新的课程模块，形式多样，不因循守旧，鼓励行之有效的创新模式。

综合上述两种途径对传统工科专业进行改造升级，结合成果导向教育理念，遵循反向设计原则，明确预设可实现且有意义的专业培养目标。由于工科专业改造升级涉及传统工科专业与互联网技术或其他学科进行交叉融合，其专业培养目标必然要考虑新工科专业的教育教学理念和新工科专业建设的人才培养指向，专业培养目标可简单表述为“培养具有工程实践能力、创新创业能力、跨界整合能力、高素质的交叉复合型工程人才”。落地到具体实施，则涉及各相关部门和教学环节的协同合作。相关部门分为校内、校外，校外包括政府引导、相关利益者合作等；校内包括行政管理部门、各级学院等。教学环节包括理念与目标的引领，课程体系的重构，教学方式的更新，支撑体系的建设等。

4.5.1.3　打造新型工科专业建设平台

工科专业的改造升级需要各类学科的支撑，这要求高校内部各学院、各专业之间建立起连接的“桥梁”，在建设组织结构时可参照 TUM 依靠校内传统院系组织结构建设矩阵式跨学科学术环境的做法，根据高校自身的资源、条件建立合适的学术组织结构，通过实体或非实体平台实现多方交流的目的。

实体平台即按照传统的院系组织结构设立学术组织机构，其内部结构、管理方式与运行模式较为常见。这种模式涉及多方利益，包括学校领导、相关院系、行政部门和专业教师等，关系到院系组织结构的整合重组、人事层面的升迁调动、各种资源的重新分配以及人力物力的新一轮投入等。建立实体平台的优势在于各种教育和科研资源相对集中。非实体平台是一种新型的学科专业组织机构，其形式较为灵活，可以存在切实的工作地点，也可以是线上网络平台，按照新型工科专业的构成要素和交叉融合的特征，由相关院系、学科和专业的教师以及校外兼职教师根据学科专业发展需要组成。由于非实体平台中教师的人事关系在原单位，只是根据新型工科专业建设的需要在彼此之间建立起工作上的合作关系，其灵活性较强，能够及时调整或重组教师队伍，调整学科建设方向和人才培养要求，且能够充分利用相关院系和学科长期积累的校内外各种资源，使新型工科专业建设始于较高的起点。

由于工科专业改造具有一定的周期，在初期阶段，非实体平台有利于推进工科专业改造升级进程，促成新型专业的快速建设；达到一定水平后，涉及多学科交叉的新型专业则需要挂靠实体平台，保持其稳定发展。无论选择哪种平台，都要处理好局部与整体、个人与组织、近期目标与远期目标等方面的关系。平台的建立不拘泥于校内各学院和行政部门，本着资源互惠互利、互促互进的原则，同相关行业企业、科研院所、兄弟院校进行合作平台的搭建，有利于促进新型工科专业的跨界发展。

4.5.1.4　建立新型工科专业动态调整机制

围绕国家发展战略和需求，对接产业发展特征及其规律，把握产业发展对工程人才要求的动态变化，建立满足产业发展需要的专业设置和动态调整机制、覆盖招生和培养环节的动态调节机制以及人才专业体系和知识体系的快速响应机制，提升工程人才培养对国家战略和经济发展的适应性和支撑能力。一方面，伴随着新经济的快速发展，新业态调整和替代的周期将不断缩短，未来对工科专业及其人才培养的要求不断提高将成为常态。另一方面，随着开放的全球高等教育人才市场竞争的日趋激烈，高校必须经常地分析本校所设专业在人才市场上的优势和不足，明确新型工科专业的建设方向。因此，高校需要建立面向产业发展和提升专业竞争力的新工科学科专业的动态调整机制。

新型工科专业的动态调整需要做好以下三项工作：

一是高校需要聚焦服务区域，分析当前产业、行业发展的特征和规律，预测未来发展方向和趋势，以准确把握产业、行业当前和未来发展对工程人才需求的动态变化，据此调整人才培养方向；

二是高校需要经常开展外部宏观环境和内部条件分析，了解所设专业满足社会发展的情况，明确专业所具备的优势、劣势以及存在的机遇和挑战，据此调整专业布局；

三是不断完善新型工科专业建设，通过调整专业目标、更新教学内容、创新教学方式等手段进行专业内部的改造、升级。

通过以上动态调整保证所培养的工程人才不会滞后而是超前于国家和产业发展对工程人才的需求。

4.5.2　建立新型工科专业课程体系结构

课程作为教育内容最基本、最重要的表现形式，是工科专业改造升级的核心部分。下面以模块化课程为例，介绍模块化课程如何在其自身优势的基础上根据新工科专业特点进行完善和调整。

4.5.2.1 完善模块化课程体系

课程建设是工科专业改造升级的核心，对接新工科专业的跨学科、信息化特点，课程模块的设计和组织十分灵活，不受学科专业领域界限的限制，不同学科专业的课程能够简单地组合在同一模块内，这就使得那些难以整合重组成一门课程的多门课程可以在一个课程模块内通过选课的组合实现在学生学习过程中的交叉或整合，十分适合新工科专业的课程建设。

根据哈肯协同理论，将完整的课程体系看作是一个系统，每个模块看作是一个子系统，这些子系统内又由若干门课程组成，这些课程可分为必修课和选修课，也可分为必修课、限选课和任选课，少数模块可以或只有必修课或都是选修课，在模块内实现多门课程的交叉整合、协调合作。每个子系统设定不同目标，目标来自专业培养目标的逐层分解，每个子系统再通过内部课程的共同作用实现一个模块的目标。由于每个课程模块的目标都是源于专业培养标准或毕业要求的分解，没有学科与专业的烙印，只是要求通过模块内课程的协同作用实现模块目标，具有很强的灵活性。

通过选修课程的动态设置实现多学科的交叉融合。一方面，可适当提高选修课的学分比重，减少必修课的学分要求，形成更为灵活的、覆盖范围更广的多学科课程体系。另一方面，通过专业教师的指导，学生可根据自身优势和职业兴趣组合来自不同专业的课程，拓展至其他学院甚至网络课程，实现多学科交叉的新型专业课程个性化。

4.5.2.2 制订动态专业课程方案

在模块化课程的选修课程类别中，为学生提供丰富的选课资源，通过学分制，使同一个专业下的培养方案通过课程组合、专业方向选择等方式，可以培养出跨学科产业链上适应不同产业的工程科技人才。课程体系由若干模块组成，虽然各模块之间存在着一定的逻辑关系，但每个模块相对独立且具有自身的目标设定。因此，对一个或几个模块进行调整和修改，包括模块中课程内容更新和模块课时比例的增减，不会影响其他模块和各个模块之间的关系，这就能够很好地对课程体系及时进行针对性的调整、充实和更新，以适应社会发展的需求。在调整课程模块过程中，需要注意模块内部课程设置的逻辑性以及各模块之间课程内容的联系。

鼓励学生在专业教师的指导下自主制订符合科技创新、社会发展要求的个性化培养方案，帮助学生科学、合理地选择自己感兴趣的专业和课程，充分发挥学生自身优势，纵深夯实加横向拓展。导师负责给学生提供专业上或科研项目上的指导，导师除传授给学生相关的专业知识以外，还能够给学生提供行业内的第一手资料，便于学生在相关领域从业，这样学生就可以更加科学、合理地建构并完善自己的知识体系。通过这种方式，提升学生自我管理和自主整合的能力，以此提高学生学习成效并实现多元发展。

4.5.2.3 建立课程内容更新机制

数字时代意味着信息的获取更加便利，其更新周期也大幅缩短，高校教材从编写到出版周期过长，难以跟上科学技术变革速度，需要借助丰富的互联网资源，更新传统的课堂内容。

一方面，教学内容的选择不限于课本知识，这要求高校在全面梳理各门课程的教学内容，提升课程挑战度和高阶性，切实提高课程教学质量的基础上，时刻关注科学知识与技术的新旧交替，结合社会发展需求与国际前沿科学技术，不断更新课程讲义或教材，使学生始终处在不断更新知识结构状态，提高学生对专业领域前沿知识的掌握程度。

另一方面，以从校外引入资源为契机，高校与企业建立人才需求反馈机制，通过企业对工程人才的知识、技能需求及时调整课程内容。高校应充分利用企业具备的丰富工程教育资源，通过讲座、引进兼职教师等形式，将企业一线工程师的先进经验引入课堂，为学生提供行业内的第一手资料。通过专业课程的灵活设置，提高学生学习成效并实现多元发展，培养学生的自主整合能力。

4.5.2.4 优化通识教育课程体系

虽然改革通识教育课程已经得到工程教育界的普遍共识，但人们对通识教育课程内涵的界定却存在较大差别。国外一些一流高校规定的通识教育课程似乎不与特定的学科专业直接相关，从面向未来的角度看，这种广义的通识教育课程体系对包括工程学科专业在内的各种学科专业培养的人才更好地博采多学科领域精华、提升创新能力和动态适应能力均具有重要的作用。

完善通识教育课程体系，加强基础科学教育和人文科学教育，以文科培育工程人才“软文化”，以理科增强其“硬实力”，培养学生的跨学科思维。从未来技术、产业和经济社会发展的角度，根据专业特点制订符合专业特色的通识课程，例如为建筑专业的工程科技人才增设建筑信息模型(BIM)培训课程，实现互联网＋建筑行业的技术连接，通过数字信息仿真模拟建筑物在实际建造过程中的实际三维(3D)视效模型，构建工程人才的复合型知识体系。

根据专业特色，在课堂教学中插入工程伦理案例教育内容，培养学生以全球视角理解工程对整个人类社会的影响。对于案例的选择要具有针对性，侧重关注与专业相关的新理念，倡导绿色、低碳、循环、可持续的生产和生活方式，加强生态环保合作，建设生态文明，以可持续发展为目标，对接"第四次工业革命"所强调的生态文明建设。同时，借鉴西方发达国家在工程伦理教育方面的先进理论成果，挖掘中华优秀传统文化中的人文伦理知识，做到"洋为中用，古为今用"。

4.5.3 创新教学方式和手段

教学方式直接关系着教学工作的成败，任何一种形式的教育改革都会涉及教学方式的更新。在工科专业改造升级过程中，需要对传统的教学方式和手段进行改造升级，使其更加适应新业态下的新型工科专业建设。

4.5.3.1 以学生为中心

为将"以学生为中心"的教育理念落实到课堂教学中，打破"教师一言堂"的灌输式教学方式，教师要实现课堂对学生学习的引领和指导功能，同时突出以学生探讨为主的师生双向互动。基于规范课程教学设计和管理，在教学中体现"以学生成长为中心"的理念，保证教师和学生之间充分互动，注重学生的学习体验和收获，实现"教师主导，学生主体"。

一方面，加强师生交流与互动，开展研讨式教学。强调教师是学生学习重要的引导者和指导者，发挥学生的主体作用，激发学生学习的主动性、创造性和内在潜力。改变教师对知识和题目讲授过多过细，对学习行为的引导和对学习方法的指导不足的问题，激发学生的学习兴趣、培养学生的学习方法、拓展学生的思维方式才是解决学生学习问题的关键因素。另外，在信息化发达的今天，善于利用丰富的网络教学资源，适当增加学生主导的开放式课堂，鼓励学生课上、课下勤于思考，多提问题，为学生提供表达观点的机会和平台。

另一方面，强化问题导向的课程设计，加强探究式教学。改变以知识传授为主的课堂教学方式，重视问题导向，让学生通过解决问题进行主动学习和探究。在对课程精细化设计的基础上，将课堂教学与现代化教育技术紧密结合，善于利用新型在线教学资源、教学平台等，以全体学生的学习活动为中心，实现课堂教学模式的创新和发展。

4.5.3.2 优化教学方法

在授课方法上，以学生为中心，通过小组讨论、主题课堂等灵活的授课方式优化传统的课堂灌输式教学，激发学生自主学习的兴趣。涉及实践的课程，需要以项目为驱动，为学生创设真实的职场环境，使工程科技人才在运用专业知识技能解决问题的过程中发现与之相关联的其他学科的专业知识，通过不断整合新的知识内容解决实际问题，从而丰富知识储备，创新技术架构。

培养科学的学习习惯和思维方式，通过组织定期的思维训练，聘请专业人士或企业家对学生进行思维模式的调整训练，使学生遇到问题时能够从不同角度思考，掌握科学的学习方法，尤其在大数据方面应有专业的训练课程。工程科技人才可通过大数据的分析整合，发现市场需求走向，感知前沿科技动态以及其他重要信息的发展态势，从而调整自己的思维方式、研究方向等。

教育和科研并重，注重创新能力和实践能力的培养。将课堂学习、独立研究和团队合作相结合，强调在学习的基础上注重实践经验的积累。以学生完成项目的规定课程为前提，在保证学生有充足的理论知识之后，再进行项目研究。学生在导师的指导下进行项目设计，既培养了学生的独立学习和研究能力，又培养学生的团队合作能力，也为研究生跨学科学习提供了后备力量。

4.5.3.3 融合信息技术

工科专业改造升级的途径之一是嫁接互联网技术，无论是在课程内容还是教学方法的更新上都离不开信息技术的支持，高校应响应《教育部关于开展国家虚拟仿真实验教学项目建设工作的通知》，建设多元化教学环境，构建“互联网+”条件下的课堂教学模式。

在课堂教学中，利用互联网技术将静态的教材形式转变为由声音、图像、动画等构成的动态教材，尤其对于一些操作性较强的学科，在教授理论知识时，利用现代信息技术在课堂上集中培养相对困难的高阶学习能力，可适当结合虚拟现实（Virtual Reality，VR）和增强现实（Augmented Reality，AR）技术手段展现学生的主动性和创造性，增加教学的实践性和真实感，丰富师生对三维(3D)立体展示和实践性的需求。

与此同时,把相对容易的记忆和理解放在课外,通过手机应用程序、微信公众号等平台打造开放式课堂,使学生不仅能在上课时间接受教育,而且能利用课后业余时间同样可以进行线上预习、随堂测试、内容回顾等。利用丰富的网络资源,学生可以接受来自不同高校分享的精品课堂,为不同地域、不同背景、不同文化的学生提供交流的途径和平台,促进各层面学生进行交流互动学习。

4.5.3.4 搭建多元平台

创新创业能力的培养需要多方力量的协同配合,各方交流需要通过一个连接的“桥梁”;志趣相投的学生团体、跨学科的项目研究需要一个便捷的交流平台。高校可根据实际情况搭建满足不同需求的实体平台或线上平台,也可搭建开放的校内“工程坊”,培养学生组织管理能力、跨界整合能力以及创新创业能力。下面以师生交流平台和创新创业平台为例,简述其建设途径。

(1) 创新创业平台。我国各地高校响应“大众创业,万众创新”的号召,大多建立了不同形式的双创平台,但其质量水平存在参差不齐的状况,多数高校在创新创业平台的建设上缺乏实质性内容。学校在为学生开展创新创业活动提供一定空间和资金支持的基础上,还需要在平台建设初期帮助引进校外资源,包括企业与周边院校的合作项目,发展创新创业试点激发校内学生创新创业热情,最终形成创新创业文化的环境保障,为工程科技人才培养创新创业能力提供了高效途径。

(2) 师生交流平台。由学校相关部门提供技术和资金等支持,在各学院之间打造多学科交叉平台,充分调动全校师生的参与积极性。利用互联网工具,以建设网站、建立微信公众号、组织线上交流群组等开放平台的方式进行定期的学科知识分享、前沿科技产品介绍、新兴科学技术分析等内容推送,根据推送内容进行群组讨论,广开言路。对于提出优质观点的学生,可为其学术论文发表提供支持。

4.5.4 建立新型工科专业支撑体系

工科专业改造升级在专业、课程、教学方面进行建设的同时,还需要打造支撑体系,包括政府引导的校企合作平台、高水平的新工科专业师资队伍和新工科专业的学业评价体系。

4.5.4.1　打造政府引导的校企合作平台

政府引导的校企合作的关键内容包括深化合作育人、深化合作就业及深化合作发展。对于校企合作对象的选择不仅限于工科专业相关的领域，还要拓展到互联网行业、金融行业、能源行业等多领域，根据专业特色选择合作内容或合作项目。

(1) 深化合作育人

第一，实现企业与高校之间的优势互补，有效整合高校与企业资源形成合力。以成果转化为着力点，鼓励企业在高校建立实验室、研究中心等，作为学生的工程实践基地；在企业建立实习平台、工程实践平台等，为学生夯实理论知识提供可实际操作平台；以项目为驱动，为学生创设真实的职场环境，使学生在运用专业知识技能解决问题的过程中发现与之相关联的其他学科的专业知识，通过不断整合新内容，丰富知识储备，创新知识架构。

第二，根据专业特点实行工学交替制度。以校外企业工程实训基地为依托，学生定期到合作企业进行阶段性工作，参与实际生产及项目开发，进行生产实习、企业实训及毕业设计，提高学生的工程实践能力，使学生在产教融合的真实工程背景下达到毕业要求。以国际化为目标，鼓励学生到外资企业或"一带一路"合作企业体验不同区域的商业文化；以跨领域为标准，鼓励学生到互联网企业参与产品开发、技术创新等环节，充分发挥学生主观能动性，通过身份的阶段性转换，切实提升工程人才的适应能力、跨界整合能力和工程实践能力。

第三，线上连接，搭建共享平台。借助互联网强大的连接能力，将各方资源进行全面整合，打破地域界限和体制障碍，搭建线上共享交流平台，促进各方信息、知识和资源的流动，借助"互联网＋"教育平台更好地服务工程教育。

(2) 深化合作就业

与招聘会或劳务合作相比，校企之间合作就业不仅能使校企双方在人才、技术和项目上实现精准的供需对接，实现零距离就业；而且这种合作模式更具有长期性、稳定性，对于企业解决用工需求和储备人才都是利在长远的工程。

一方面，与其他招聘渠道相比，校企合作输送的人才更符合企业用工标准，校企合作可在课程设置上让学生提前融入企业用工需求，减少了岗前培训；或是在学生进企实习前进行双向的意向选择，为企业节省招工成本，为学生提供就业选择，使学生在离校前提前了解市场用人需求。

另一方面，高校与企业之间可举办合作对接交流会，区别于以往的大型招聘会，这种交流会应以政府支持为基础，同等水平、不同类型的高校可形成合作网络，同时将各自的合作企业聚集在一起，拓展之前一对一的合作模式，实现资源的高校对接，一次性为企业提供众多的校企合作机会，为学生提供多样的就业机会，提高了校企对接、合作的成功率。

(3) 深化合作发展

2017 年 12 月，国务院办公厅印发《关于深化产教融合的若干意见》，其中提到校企合作关系能够长期稳定的关键是坚持优势互补、互惠共赢的原则。基于这一原则，校企合作不应该仅限于合作教育，还应该包括合作科学研究和合作成果转化等，通过拓宽合作方式、丰富合作内容真正达到校企双方真正意义上的相辅相成。共赢机制的建立还需要教育主管部门和有关地方政府感知各方需求，进行宏观调控，建立和谐、健康、可持续的校企合作环境，充分发挥政府的引导作用。企业和社会各界力量感知合作高校的特色和需求，高校感知市场的人才需求和创新方向，建立良性互动，形成各有特色的合作模式，实现共同发展。

4.5.4.2 建设新工科专业师资队伍

习近平总书记在北京师范大学师生代表座谈会上指出："百年大计，教育为本；教育大计，教师为本"。教育发展离不开师资队伍建设，高校应引进与培养并举，建设一支在年龄、职称、学历、学缘结构上合理的高素质、高水平的新工科专业师资队伍，形成若干个结构合理、有较好发展潜力和前景的学术梯队，为新工科专业发展提供可持续发展动力。

(1) 打造新工科专业师资队伍

充分发挥老教授、老专家培养青年专业带头人的传、帮、带作用，在高校内部培养新一代专业建设带头人；通过面向国内外遴选拔尖人才，引进专业建设带头人；采取智力引进办法，聘请国内外知名学者担任兼职教授。同时，完善教师评聘和考核制度，有计划地培养工程型教师，可借鉴德国的经验，任职教师不仅要具有较强的科研以及教学实践能力，还应具备在专业技术领域或企业中的特殊技能。高校可适当拓宽教师来源渠道，实施高层次人才引进与稳定工程，做好高层次人才和学科专业紧缺人才的引进和稳定工作。高校相关行政管理部门还应制定相应政策，对兼职教师的聘任提供全面、综合的厘定标准。另外，遵循严格管理、科学考核理念，参考工科学生学业评价多元化的特点，契合新工科专业特点，建立可持续改进机制。对于专任教师，可将接受企业训练的环节纳入考核中，强化高校教师在工程项目设计、专利和技术服务等方面取得的成果。对于在企业聘任的兼职教师可采取校企共管机制，企业及时为学校提供有效的人才需求信息，学校将兼职教师的教学水平、工作态度等相关考核反馈至企业，从根本上保证兼职教师的质量。

(2) 合理构建“双师双能型”师资结构

在完善教师聘任制度和评价方法的基础上，从两方面打造“双师双德型”师资队伍：一是知识结构，二是人才队伍。

一方面，构建人才队伍的“双师型”结构需要打破人才体制壁垒，由高校出台政策鼓励教师深入行业、企业一线，参与科技攻关和技术开发，增强教师提高实践能力的主动性、积极性，保证教师能够接触到行业前沿技术。同时，引进有丰富实际工程经验的企业一线技术管理人员担任兼职教师，承担专业课程教学任务，指导课程设计、毕业设计。从政策层面鼓励企业技术管理人员参与工程人才培养，同时为他们提升理论水平、全面发展提供通道。

另一方面，构建人才队伍的“双能型”结构可在校内进行，主要体现在对教师知识能力结构的合理布局。同一个课程下，擅长理论授课的教师负责基础理论的传授，实践部分则交由具有工程实践能力的教师负责。在两位老师之间要建立起良好的沟通，可利用师生交流平台，保证教师和学生信息互通。

(3) 更新专业教师的知识技能

由于新工科专业涉及的学科知识广泛，对教师的各项能力要求有所提高，可通过参与竞赛、培训、企业训练等方式培养工科专业教师的终身学习能力。为适应不同阶段的需要，可选择不同的培养方式，这里主要以培训方式为主进行详述。在学校层面，教师的培训相对来说灵活性更强，以更新观念为主，以构建分阶段递进式培训格局。采取“自学”和“互教”相结合的形式，请外出参加培训的教师交流培训心得或请校内有专长的教师作“名师讲坛”主讲。充分激活教师资源，来自不同学院的教师通过话题讨论、小组座谈等方式进行“头脑风暴”，鼓励不同学院的教师进行跨学科项目合作。对于工科专业教师，实践能力的提升是至关重要的培训内容，以项目带动培训是相对完整的培训流程，在校内以各学院实验室为平台，在校外可发挥合作企业的作用，将教师置于真实的工程环境下，通过企业挂职培训等不同形式切实提升工科专业教师的工程实践背景。

4.5.4.3 对接新工科专业的学业评价体系

学业评价常被误解为结果鉴定，评价的量化直截了当地对学生的学习成果进行等级划分，这样很难系统地反映学生的真实学习情况和学习能力，且难以形成长效的持续改进机制。对于工程人才的培养，应通过学业评价引导学生主动参与学习，以学生发展为中心，弱化评价的结果鉴定作用。要想使学业评价真正对学生的学习起促进作用，就必须最大限度地挖掘评价应该发挥的多种功能，充分利用评价结果，结合大数据技术，个性化地给予每个学生有针对性的学业评价报告，使学生客观地认清自己的优势与不足，引导其制订持续改进的学习计划。

（1）拓展多元评价主体

新工科专业所培养的工程人才具有知识与能力的复合性，单一的评价主体难以反映学生的真实情况。通过多元化教学评价主体的共同参与，综合各方意见形成较为全面的结果。除高校教师及学生参与评价外，教学督导、教学管理人员、网络平台管理人员等都可以根据评价指标的情况参与到线上、线下的教学评价活动中。每一个评价主体充分发挥自身的特点及优势，针对线上、线下教育评价活动所评价的内容给出自己的评价标准及评价结果，各评价主体间需要根据实际评价情况选择是否进行信息共享，并全面综合、归纳多元化评价主体的评价结果，从而形成多主体共同参与、共同评价的局面，确保教学评价成果的全面性、客观性和公平性。同时，各评价主体要充分发挥其监督、指导作用，通过线上平台在评价过程中及时反馈评价体系中存在的问题，使不足之处尽快得到更正，从而促使教学评价体系得到完善、科学、公正、全面的发展。

（2）拓展多元评价标准

一方面，课程评价指标的构成要体现课堂学习是学生自我建构的过程，要求教师转变角色，做学生学习的组织者、平等参与者、指导者、研究者。从整体来看，相较于知识、技术这类外显的素养而言，人们对能力、精神品质类素养的把握有些薄弱。这就导致传统的教育评价指标片面地强调对学生知识与技能的评价，而忽视了对学生精神品质的形成与发展的评价。为学生提供的全面评价结果反馈，有助于工程人才核心素养的全面均衡发展。

另一方面，传统工科专业在改造升级中拓展至多学科领域，融入信息技术，对工程人才的能力培养提出更高要求，不仅是知识的掌握，而且拓展至技能甚至精神品质等方面，包括工程实践能力、跨界整合能力，甚至领导能力、语言表达沟通能力等。因此，全面的评价指标体系既要做到对学生知识和技能的定量与定性描述，同时还要融入对学生的精神品质的价值判断。为了促进工程人才的全面发展，要根据具体评价指标的内容，对学生的知识、能力和精神品质进行全面的评价。

（3）拓展多元评价方式

科学的教育评价能够引导学生朝着学习的目标努力，激发和维持学生学习过程中的内在动力，同时为学生反馈学习结果信息。因此，科学的评价方式要与具体的评价内容相适应，确保采用的评价方式能够检测出评价者想要评价的内容。

一方面，发挥学业评价的学习方向指引作用。高校可以通过建设学业咨询与指导中心，充分利用网络社区和在线平台资源，为学生在探索体验学习中提供及时的方向指导与疑难问题解答。另外，在形式上可以以班级为单位，充分利用大数据技术分析每个学生的学习情况，课内外相结合，理论与实践相结合，并采用开放的形成性考核方法。

另一方面，不同的评价内容需要采用不同的评价方式。传统评价内容的片面发展导致以往的评价方式以总结性评价方式为主。而对工程人才核心素养的评价涉及了知识、能力与精神品质的各个方面，任何一种单一的评价方式都很难实现对知识、能力与精神品质的全面评价。因此，在对工程人才进行评价时，要通过丰富教育评价方式来充分发挥教育评价激励和导向的功能。

由于校情的不同，一所高校不可能在所有的新兴领域中都布点，而需要根据高校实际情况，认真分析专业改造升级的现实性与可能性，注重自身优势和特色，考虑本校现有资源情况，包括学术带头人、学科基础、经费等条件，切忌不切实际地追求学科上的大而全、盲目追求热门专业，尤其是在新形势下，专业的个性特征或专业特色会影响、带动高校的整体发展。

5

新工科背景下"金课"课堂评价

5.1 新工科"金课"建设需要新的课堂评价方式

5.1.1 基于学习结果的新工科课堂评价的目的

所谓课堂评价的目的,换言之就是为什么要进行课堂评价,课堂评价有什么功能或作用。新工科课堂评价的目的是什么呢?带着这个问题,我们需要理清课堂评价的目的,进而阐述教师进行课堂评价的原因,解释课堂评价的必要性和重要性。课堂评价的功能是多种多样的,作为贯穿课堂教学始终的一环,课堂评价对于改善课堂教学、调节教学氛围,教师判断和掌握学生的学习情况、确定教学策略,以及教师了解自己的教学情况、进行积极反思与改善、监督和促进学生学习等起到良好作用。

课堂评价最根本的目的是什么呢?这通常来自我们对课堂评价本质的认识。克龙巴赫(Cronbach)和斯塔弗尔比姆(Stufflebeam)强调评价的非判断性——评价最重要的目的不是证明,而是为了改进。也就是说,课堂评价除了诊断学生的学习情况外,最重要的目的是促进学生的学习。在课堂教学或课堂学习中,最重要的两个角色是学生和教师,学生作为学习的发生者和主体,将在教师的引导下发生学习行为。因此在这里重点论述课堂评价的诊断与促进目的,即对学生而言,积极的课堂评价有助于促进其学习,对教师而言,积极的课堂评价有助于其诊断学生的学习情况,及时进行教学策略的调整。其余的课堂评价目的,这里不再赘述。

5.1.1.1 促进学生学习

课堂评价的核心功能在于促进学生学习。首先,课堂评价的性质决定了课堂评价的核心功能是指向促进学生学习的。一堂课程的进行,需要有教学目标、教学过程、课堂评价相互交替、互为促进的环节，无特定的先后顺序。评价并不是教学临近完结或完结之后进行的环节，更不是凌驾于教学之上鼓励的环节，而是与教学过程伴随而行。因此，课堂评价是镶嵌在课堂教学中的，与课堂教学紧密相连。课堂评价作为教学的有机组成部分，其目的必然指向促进学生学习。其次，课堂评价作为教学强有力的手段，能很好地承担促进学习的功能。1998 年美国学者保罗·布莱克（Paul Black）和戴兰·威廉（Dylan Wiliam）进行了课堂评价效果的研究，研究结果显示教师课堂教学效果的好坏是影响学生学习进步的最大因素，并且认为课堂评价是教师促进学生学习最强有力的手段。教师给予学生及时、有效的反馈，能让学生明白自己的优势与不足，尤其能让学生定位其学习效果不好、含糊不清的知识，从而更有针对性地进行知识的内化吸收。第三，课堂评价本身也可以成为学生的重要学习机会。课堂评价在既定内容的基础上，是较为灵活的。教师在进行课堂教学或测验时，呈现给学生的评价任务不局限于学生已学过的知识或已掌握的能力，在学生完成这些评价任务时，学习就伴随发生了。教师在这时给予学生明确的课堂评价，能让学生明白自己在学习上存在的问题，进而弥补与教学目标之间的差距，对学生学习本身起到一个很好的改善作用。最后，评价其实也是一种学习。加拿大西北教育合作协会提出“评价即学习”（assessment as learning），让每个学生关注自己的学习，并为每个学生提供学习建议，这样可以让学生在学习过程中进行自我监督，使学习行为更加有效。并且，评价即学习不仅表现在对知识点本身的学习上，而且评价行为存在一定的标准，而标准总是与学习目标息息相关的，这样能使学生对学习目标和自己已掌握的知识有更进一步的认知。评价发生于学习，更促进学习行为的发生。

5.1.1.2 诊断学生学习情况

课堂评价对学生而言，既是教师对其学习情况的反馈，也是学生自己的学习机会。课堂评价对教师而言，是教师在教学活动中作出决策的基础。首先，课堂评价有助于教师收集学生信息，把握学生的学习情况，适当改变教学策略。课堂的情况是动态的、复杂的且具有情境性的，教师教学活动的实施并不只是简单地将课前备课内容展示一遍，而是需要根据课堂上学生的即时反应作出适当的调整。比如教师在课前备课时认为学生能轻松掌握“绝对值表示距离，所以绝对值不可能是负数”这一知识点的概念和应用，但在课堂教学中发现学生对绝对值的概念已经理解，却在习题解答时表现出困难，那么教师就需要作出决策，是否需要改变备课情况对该知识点进行更详细的讲解。收集学生的信息，是教师作出教学决策的基础。其次，课堂评价有助于教师更准确地把握学生的学习情况。很多教师会存在这样的疑问，明明感觉大部分学生能掌握自己所教授的内容，可在期末测评时学生的成绩让教师大失所望，学生所学没有教师期望的那么好，与教学目标之间存在较大的差距。如果到学期结束才进行测评，测评后才知道学生所学与教师所教之间的差距较大时，明显已经太晚了。因此，课堂评价便显得尤为重要，评价不能只在学期末进行，更需要对学生进行持续性的观察和测评，及时了解学生的学习情况。最后，教师的教学活动离不开课堂评价，教师有效的评价反馈对学生有积极的影响。加拿大学者马克斯·范梅南(Max van Manen)认为：学生来学校学习新知识，需要克服一下障碍才能达到教师的要求，教师必须知道“孩子此刻在哪里”。

对学生学习情况的准确把握，是教师进行有效课堂评价的信息基础。教师在教学过程中离不开课堂评价，但教师的课堂评价并不总能对学生产生积极的影响。因此，掌握学生的信息，准确诊断学生的学习情况，是教师进行有效课堂评价的重要基础。

5.1.2 基于学习结果的新工科课堂评价标准

在开展课堂教学活动时，教师应如何确定评价学生的哪些方面的哪些内容呢？换句话说，教师在开展教学活动时所进行的课堂评价并不是随意进行的，教师必须依据一定的标准来确定评价的目标与内容。本书依据《华盛顿协议》、ASIIN认证标准及中国工程教育专业认证标准对工程教育毕业生所需具备的素质与能力的认证标准进行梳理与总结，以确定教师进行课堂评价所依据的标准。

5.1.2.1 《华盛顿协议》认证标准

《华盛顿协议》(*Washington Accord*)是一个有关工程学士学位专业鉴定、国际上相互承认学分与毕业生质量的协议，目前已有十几个签约成员和预备成员。《华盛顿协议》认证以“能力导向”为基本原则，采用各成员互相承认的工程教育标准作为质量保障机制，其对工程教育毕业生要求必须具备以下11项能力：

① 应用数学、自然科学与工程学等知识的能力；

② 设计和进行实验、分析和解释数据的能力；

③ 在诸如经济、环境、社会、政治、道德、健康和安全、工艺性、可持续性等实际条件约束下设计一个系统、部件或工艺过程以满足需求的能力；

④ 在多学科团队中发挥作用的能力；

⑤ 发现、明确表达以及解决工程问题的能力；

⑥ 了解职业道德与社会责任；

⑦ 有效进行交流的能力；

⑧ 懂得工程问题对全球经济、环境社会的影响；

⑨ 认识到终身学习的需要，以及终身学习的能力；

⑩ 关于当代问题的知识；

⑪ 在工程实践中，运用解决实际问题所必需的各种技术、技能和现代工程工具的能力。

毕业生素质是一系列独立的均具可评价性的成果的组合，是对毕业生所应具备能力的清晰、简明的阐述，是对工程教育毕业生的最基本要求。工程教育毕业生在接受4～5年的工程教育后必须具备的素质与能力，是教师在开展评价时清晰、明确的评价目标。

由《华盛顿协议》对毕业生素质能力要求的11条标准可见，工程教育毕业生不仅要掌握相关专业知识，还要掌握如经济、管理、合作等多方面能力，这对毕业生的综合素质提高了要求。

5.1.2.2 ASIIN认证标准

ASIIN认证全名是German Accreditation Agency for Study Program in Engineering, Informatics, Natural Sciences and Mathematics，即德国工程、信息科学、自然科学和数学专业认证机构，是德国最权威的自然工程科学领域高等教育认证机构，也是《华盛顿协议》的预备成员。通过ASIIN认证的专业能取得欧盟认可的工程教育学位，同时还能获得《华盛顿协议》成员的承认。ASIIN认证强调工程教育应理论联合实际，以实践为取向，基础教学要结合工程实例，其对毕业生的通用要求如下：

① 掌握必要的自然科学与数学基础；

② 掌握专业的工程基本原理，并能在工程项目中运用；

③ 具备工程所必需的社会、环境、经济、管理、法律、道德、可持续发展、

风险等方面的知识和鉴别能力；

④ 具备运用科学与工程工具分析工程问题的能力；

⑤ 具备设计能力，参加过重要的工程项目；

⑥ 具备方案设计的能力；

⑦ 具备实验室和车间工作技能；

⑧ 具备工程实践能力，能利用理论与实践解决工程现场问题。掌握包括材料、设备、流程、产品、管理、规范、质量问题、产品评价等相关知识与技能；

⑨ 具备基本信息素养；

⑩ 具备多种场合下的通用价值，包括问题解决能力、人际沟通交往能力、利用信息技术能力、终身学习等能力。

ASIIN 作为德国对工程、信息科学、自然科学和数学进行本科、硕士专业认证的机构，其认证标准涉及开设的课程、内容的要求和组织、师资和物资的保证等。由 ASIIN 对工程教育毕业生的毕业要求可见，ASIIN 认证强调学生掌握相关专业知识、工程分析、设计的能力以及多种场合下的通用能力。教师在进行评价或教学时，可参考工程教育认证标准，反向验证正在实施的课程教学是否对毕业标准的要求有所贡献。

5.1.2.3 中国工程教育专业认证标准

中国工程教育专业认证协会（China Engineering Education Accreditation Agency）成立于 2015 年 10 月，主要负责我国工程教育专业认证工作的组织实施，由教育部主管，是由工程教育相关机构和个人组成的全国性社会团体。中国工程教育专业认证标准对我国工程教育毕业生提出更适合中国国情的明确要求，相关要求应完全覆盖以下内容：

① 工程知识：能够将数学、自然科学、工程科学知识运用于解决复杂工程问题。

② 问题分析：能够应用数学、自然科学和工程科学的基本原理，识别、表达并通过文献研究分析复杂工程问题，以获得有效结论。

③ 设计/开发解决方案：能够设计针对复杂工程问题的解决方案，设计满足特定要求的系统、流程，并能够在设计的过程和结果中体现创新意识，考虑到社会、经济、健康、文化等各方面综合因素。

④ 研究：能够基于科学原理并采用科学方法对复杂工程问题进行研

究，包括设计实验、分析与解释数据、通过信息综合得到合理有效的结论。

⑤ 使用现代工具：能够针对复杂工程问题，开发、选择与使用恰当的技术、资源、现代工程工具和信息技术工具，包括对复杂工程问题的预测与模拟，并能够理解其局限性。

⑥ 工程与社会：能够基于工程相关背景知识进行合理分析，评价专业工程实践和复杂工程问题解决方案对社会、健康、安全、法律以及文化的影响，并理解应承担的责任。

⑦ 环境和可持续发展：能够深入思考复杂工程问题的工程实践对环境和可持续发展的影响。

⑧ 职业规范：具有人文社会科学素养、社会责任感，能够在工程实践中理解并遵守工程职业道德和规范，履行责任。

⑨ 个人和团队：能够在多学科人员组成的团队中承担个体、团体成员或者负责人的角色。

⑩ 沟通：能够对复杂工程问题与同行及公众进行有效的交流和沟通，具备设计方案、撰写报告、陈述方案等能力；掌握一门外语及拥有一定的国际视野，能够与团队中跨文化的成员进行交流和沟通。

⑪ 项目管理：理解并掌握工程管理原理与经济决策方法，并能在多学科环境中应用。

⑫ 终身学习：具有自主学习和终身学习的意识，有不断学习和适应发展的能力。

中国工程教育专业认证协会对毕业要求进行了更详细的分类，并在《工程教育认证工作指南》中对工程人才所需具备的解决复杂工程问题的“复杂工程问题”特征进行了界定，强调工程专业人才对现在综合度更高的复杂工程问题的分析、解决能力。新工科教育改革与我国工程教育认证强调的培养目标是一致的，对工程教育人才在更综合化、更专业化的方向上提高了期待。

5.1.2.4 新工科课堂评价标准构思

由《华盛顿协议》、ASIIN 认证标准及我国工程教育专业认证标准的共同点可见，对工程教育毕业生可从工程知识、工程能力及工程态度三个方面进行概括。工程知识包括数学、自然科学、基础性和专门性工程知识，工程能力包括问题分析、调查研究、工具使用、团队合作、社会意识和项目管理等，工程态度包括道德操守、环境与可持续发展和终身学习。因此，在课程标准暂未颁布的时候，教师可参考工程教育认证机构颁布的毕业要求论证正在教授的课程是否对学生的毕业要求有所贡献，在哪些方面有贡献，又在哪些方面较为缺失；从毕业要求指出的学生最终的学习结果出发，逆向推导课程的建设、教学过程的实施，紧紧围绕毕业要求来评价学生的学习结果与综合能力，以毕业要求为标准、以学生为中心进行评价，逐渐改变以教材或教师经验为中心的评价方式。从工程知识、工程能力和工程态度三个维度，结合教材内容及教师经验，设立新工科课堂评价标准，如表5-1所示。

表 5-1　新工科课堂评价标准

类别	要求	
工程知识	工程知识	将数学、自然科学、基础性和专门性工程知识应用于解决工程问题
工程能力	问题分析	发现、明确表达、研究文献并分析工程问题
	设计/开发调查问卷	在设计工程问题的解决方案以及满足其特点需求的系统、组成部分或程序时，需要适当考虑公共健康、安全、文化、社会和环境等因素
	调查研究	运用研究性知识和方法对工程问题展开调研，包括实验设计、数据分析和解读以及信息综合，从而得出有效的结论
	现代工具的应用	创造、选择恰当且适用的技术、资源和现代工程及信息技术工具，将其运用到工程活动中，并且对其局限性有充分的了解
	个人与团队工作	在各种团队和多学科背景下有效地发挥个人、团队成员或领导角色的作用
	工程师与社会	应用对自身相关背景知识的理性思考来评价专业工程实践和解决方案对社会、健康、安全、法律和文化问题的影响及其应负的责任
	沟通交流	在工程活动中能够与工程界乃至整个社会进行有效的沟通交流
	项目管理与财务	能将工程与管理学原理运用到工作中，能在多学科交叉的背景下有效地参与项目管理

表 5-1(续)

类别	要求	
工程态度	环境与可持续发展	充分理解专业的工程问题解决方案对环境和社会产生的影响,并展现出对可持续发展的了解和需求
	道德操守	发扬道德操守准则,在工程实践中恪守职业道德,承担责任
	终身学习	认识到在广泛的技术变化的情景下独立地开展终身学习的必要性,并具备在这种环境下终身学习的能力

5.1.3 基于学习结果的新工科课堂评价原则

课堂评价的方法是多种多样且灵活多变的,课堂评价方法的选择需要依据特定的课堂情境,教师需要依据课堂的变化作出合适的决策。新工科要求学生具备跨学科交叉融合、工程领导、解决复杂问题等的能力和素养,这对人才培养质量要求更高、把关更严。课程和课堂教学作为实现人才培养质量的途径和传授知识的载体,新工科的提出对其提出了更高的挑战性要求。课堂评价作为教师教学中最有利的手段,其方法有观察、提问、纸笔测验、表现性评价等。评价方法本身没有好坏优劣之分,“适合”的评价,就是“好”的评价。评价方法的选择受各方面因素的影响与制约。下面简单介绍教师在教授新工科课程时选择课堂评价方法的导向性、整体性与差异性原则。

5.1.3.1 课堂评价的导向性原则

课堂评价的导向性原则是指课堂评价方法的选择应符合课堂评价的目的和评价目标。从评价本身的角度来说,评价是一种方式和手段,因此它受限于评价的目的。前面详细论述了课堂评价的目的在于促进学生的学习、诊断学生的学习情况,为学生学习、教师教学提供决策的基础。课堂评价与中考、高考、等级考等外部评价不同,后者旨在选拔和分级,而课堂评价旨在促进学习,因此教师在选择课堂评价方式时,要区分课堂评价与外部评价的不同之处,选择符合课堂评价目的的评价方法。

从评价目的的角度来看,课堂评价是为了收集学生的学习信息来判断学生的学习情况。对教师而言,评价信息的准确性直接决定了其对学生判断的准确性，因此在收集学习信息时，教师要有目的、有方向地去观察，也就是说，教师在教学开展之前，应该清楚地知道自己要收集的信息，并且明确地知道该如何收集所需要的信息。这就需要教师制定清晰、明确的评价目标为课堂评价做指引。

5.1.3.2　课堂评价的整体性原则

课堂评价的整体性原则是指课堂评价作为课堂教学的有机组成部分，其与教学目标、教学内容应相匹配、相一致。首先，课堂评价应与教学目标相匹配。评价是对教学目标完成度的检测，也就是检测学生对教师所要求掌握的知识与能力是否掌握。具体而言，评价应与教学目标所要求的技能水平和复杂性相一致，即“所要求即所评价”。根据布卢姆(B.S.Bloom)教育目标分类学，六种类型的认知目标从“记忆”到“创造”，有明显的层次性。教师在进行课堂评价时应与其所指定的教学目标相匹配，教学目标要求学生达到“记忆”的程度，那么教师不应在评价时要求学生能“运用”，教师在评价时应做到“所要求即所评价”。其次，课堂评价应与课堂内容相匹配。评价所覆盖的知识技能范围应与教师上课所教授内容相一致。具体而言，教师在进行课堂评价时，评价的内容须来自已经教授的内容，对未教授的内容进行评价并不利于学生的学习和对自己学习情况的掌握；同时，教师不应避重就轻，在评价时对知识技能的重点和难点避而不谈，只评价简单的知识，这不利于学生掌握基本工程知识与培养工程领导力。因此，在进行课堂评价时，教师应做到“所教即所评”。

5.1.3.3　课堂评价的差异性原则

课堂评价的差异性原则是指课堂评价方法的选择应关注不同方法的优势与不足。评价本身没有好坏优劣之分，但每种评价方法都有其适用的范围，根据不同的课堂情境选择合适的评价方法对教师而言非常重要。布鲁哈克特(S.M.Brookhart)关注了四种评价方式最恰当的用途，明确了其最适合评价的目标。表5-2所示为评价方式及其最适当的用途，可为教师在选择适当的课堂评价方法时提供参考。

评价专家斯蒂金斯(R.J.Stingins)更加全面地考察了不同评价目标适合的不同评价方法，为其不同的组合提供了更多的建议。表5-3所示为学习目标与评价方法的组合。

表 5-2 评价方式及其最适当的用途

评价方法	最适当的用途
纸笔测验	评价一个领域中的知识和技能，或者评价兴趣和爱好
表现评价	评价一个领域中的深层次思考，或者评价所获得的技能或所创造的产品
口头问题	在教学过程中评价知识和思考，或者评价兴趣和爱好
档案袋	记录进步或发展，展示一系列技能的复杂成就

表 5-3 学习目标与评价方法的组合

要评价的学习目标	评价方法			
	选择式评价	论述式评价	表现式评价	交流式评价
知识和观点	选择题、判断题、匹配题和填空题，能够考查学生对知识点的掌握程度	可以测量学生对各个知识点之间关系的理解	不用于评价这种学业目标——优先考虑其他三种评价方法	可以提问，评价学生的回答，并推断其掌握程度，但是很浪费时间
推理能力	可以评价某些推理形式的应用	对解决复杂问题的书面描述，可以考查推理能力	通过观察学生解决某些问题的方法，或者通过学习成果，推断其推理能力	可以要求学生“出声思考”，或者通过讨论问题来评价推理能力
表现性技能	可以评价对表现性技能的理解，但不能评价技能本身	可以评价对表现性技能的理解，但不能评价技能本身	可以评价和观察表现性技能	非常适于评价口头演讲能力，还可以评价学生对技能表现的基础知识的掌握
产生成果的能力	只能评价对创作高质量产品能力的认识和理解	可以评价对产品创作的背景知识的掌握情况，简短的论文可以评价写作能力	可以评价对创作产品的步骤以及产品本身的特性是否清楚	可以评价程序性知识和有关合格产品的特点的知识，但不能评价产品的质量
情感倾向	选择性反应问卷可以探测学生的情绪情感	开放式问卷可以探测学生的情绪情感	可以根据行为和产品推断学生的情感倾向	可以与学生交流，了解他们的情绪情感

5.1.4 基于学习结果的新工科课堂评价流程

5.1.4.1 设定课堂评价目标

课堂评价发生前，首先要知道的是“评什么”。在设定课堂目标的过程中，要解决“课堂评价目标是什么”“为什么要设定课堂评价目标”“设定课堂评价目标的依据是什么”三个问题。例如，大学期末考试前，很多学生会让教师划定考试范围，但是教师划定的重点考试知识点普遍较宽泛，这时候学生们会问教师“考试的题型是什么，是选择题、填空题还是主观题?”如果学生们能清楚地知道考试的知识点对应的题型并理解每个知识点考试的深浅程度，那么期末考就不再“可怕”了。这里其实涉及“考什么”“怎么考”“考得多难”三个问题。也就是让学生们知道考试评价什么，测评需要达到什么目标。

(1) 什么是课堂评价目标

课堂评价目标评价的不仅仅是课程内容，还要评价学生对相关知识点掌握的程度，所以评价目标比较常见的形式是“动宾搭配”，即“动词＋名词”的结构。举个例子，在新工科电气工程专业中，对“节点电压法”这一知识点，课堂评价目标应该为:学生能应用节点电压法解决相关应用问题。由此可见，课堂评价的目标应由“掌握程度＋知识点”组成。这种组合可以让教师对学生掌握知识点到达了什么程度一目了然，加强了课堂评价的可操作性。

当前新工科教学领域在倡导一种新的教学设计模式，叫作 OBE 模式或者反向设计、逆向设计课程模式。该模式提倡从学习结果出发来设计教学，即从教师希望学生达到的学习结果出发来明确教学目标、学习目标和评价目标，也是本书中论述的基于学习结果的新工科课堂评价研究的重要部分，课堂评价内容的确定部分接下来将进行详细的阐述。

根据反向设计课程模式，课堂评价的目标就是教师期望学生在学习之后达到的学习结果，也就是学生的学习结果。课堂评价所要评价的就是学生是否达到了教师的预期，是否达成了预期的学习目标。从这个角度出发，我们可以将课堂评价目标与学习目标画上等号，可以说，课堂评价目标与教师教学目标和学生学习目标是三位一体的。据此，新工科课堂评价目标便可以根据学生学习目标来确定了。

（2）为什么要设定课堂评价目标

为什么要设定课堂评价目标，换言之就是课堂评价目标的作用。目标，在《现代汉语词典》中有两个解释：射击、攻击或寻求的对象；想要达到的境地或标准。可见，目标是导向性的，它决定了行动的目的与意义。课堂评价目标的设定亦是如此，具有导向、促进的功能。

首先，课堂评价目标具有导向性功能，它决定了评价标准、评价方法等教学有机组成部分。课堂评价目标决定课堂评价标准与评价方法的选择。例如，电气工程及其自动化专业学生在进行“PLC”专业课程学习时，某一堂课的评价目标为“学生能辨认各种元器件符号”，该评价目标中的“动词＋名词”为“辨认＋元器件符号”，评价倾向于学生对事实性知识的掌握程度，即能否辨认出各种元器件的符号，评价方法倾向于采用选择题或判断题进行纸笔测验；而评价目标为“学生能设计多地往返电路”，则主要评价学生的设计能力，更倾向于选择构建式、开放式题目，让学生设计多种方案。不同的课堂评价目标对学生心理活动有不同的要求，因此对课堂评价方法也有不同的要求，课堂评价目标的不同类型决定了课堂评价方法的不同选择。

其次，清晰的课堂评价目标的设定具有促进学生学习的功能。评价目标、教学目标与学习目标的三位一体，为教师的教学和学生的学习提供了明确的方向。对教师而言，明确的教学目标与评价目标，让教师在开展教学活动时更具有方向性，教师在教授新知识时对学生掌握知识点的程度与考查方式了然于胸，因而“为评而教”能有效改善教师的课堂教学效果，对学生学习产生积极的影响。对学生而言，清晰的学习目标与评价目标让他们对自己的学习有更明确的把握，了解自身的优势与欠缺，因而“所评即所得”对学生的学习有强大的引导作用。

（3）设定课堂评价目标的依据

首先，课堂评价目标的设定不是教师随意确定的，明确的课堂评价目标有助于教师在进行课程教学时有确定的方向，而含糊不清的课堂评价目标不利于教师和学生对课堂知识的把握。因此，在制定课堂评价目标时需要一定的参照与标准。OBE 模式给了教师借鉴和思路，也就是以学生的学习结果和学习目标作为参照制定清晰可行的课堂评价目标。学生的学习结果是教师制定课堂评价标准最直接的依据，教师可以将期望学生在课堂学习之后掌握哪些知识、具备哪些能力进行列表和分类，再根据知识点的特性选择适合的考评方式。例如在进行“模拟电子”课程整流电路部分教学时，教师期望学生在课堂学习之后能辨别桥式整流电路、能分析各元器件的作用、能解释桥式整流电路工作原理并能运用桥式整流电路。由此可见，教师期望学生学到什么，教师就该对学生的这些表现进行评价，也就是我们所说的依据学生的学习产出进行课堂评价。其次，课堂评价目标应与学习目标相匹配。教师所评价的内容应该是学生需要学习的内容，满足“所评即所教”和“所教即所评”。教师在进行课堂评价时，评价的内容应该是课堂上教过的，将没教过、没涉及的内容对学生进行评价显然有失公平，也有可能打击学生学习的自信心。而评价目标与学习目标相匹配并不意味着课堂评价目标与学习目标完全一样，因为评价从本质上讲是抽样的，教师不可能在课堂的有限时间与空间内对每一位学生的每一个学习目标进行详尽的评价，因此只要评价目标有代表性、在评价目标范围内即可。

5.1.4.2　确定课堂评价内容

简单来说，课堂评价内容是教师在进行课堂教学活动时需要学生掌握的内容。在确定课堂学习目标时，多采用“动词＋名词”的形式，动词确定的是学生需要掌握的程度，而名词就是学生需要掌握的内容，由此构成课堂评价目标。那么，课堂评价内容怎么确定呢？许多教师的回答是教材、是学生。这个答案对也不全对，教材和学生是课堂评价内容最直接的依据，但最根本的依据是《华盛顿协议》、ASIIN 认证标准以及中国工程教育专业认证标准对高等工程教育本科生的毕业要求。这些标准是高等工程教育本科生四年学习后的毕业标准，在时间上跨度较大，从学生学习的角度来讲，学生需要这样较为长期的目标，也需要学期、单元、课堂的目标，相对于认证标准而言，较为短期的评价目标更容易检测，对学生的引导和反馈作用更为明显和直接。

因此，教师在制定课堂评价内容时，在新工科课堂评价标准的基础上，依据教材和学生进行设计。根据布卢姆教育目标分类学，课堂评价内容可分为事实性知识、概念性知识、程序性知识与元认知知识，具体可见表 5-4。

依据修订者们对布卢姆教学目标分类学的总结和梳理，不同认知过程往往需要不同的评价方式，因此教师在确定课堂评价内容时，需要将知识点进行详细的分类，明确学生的认知过程与相对应的知识成分。教师在设定课堂评价具体内容时，可根据表 5-4 进行确认。

表 5-4 布卢姆教育目标修订版

主类别及其亚类
A. 事实性知识——学生通晓一门学科或解决其中问题所必须了解的基本要素
A1. 术语知识(knowledge of terminology)
A2. 具体细节和要素的知识(knowledge of specific details and elements)
B. 概念性知识——在一个更大的体系内共同产生作用的基本要素之间的关系
B1. 分类和类别的知识(knowledge of classifications and categories)
B2. 原理和通则的认识(knowledge of principles and generalizations)
B3. 理论、模型和结构的知识(knowledge of theories, models, and structures)
C. 程序性知识——做某事的方法以及使用技能、算法、技术和方法的准则
C1. 具体学科的技能和算法知识(knowledge of subject-specific skills and algorithms)
C2. 具体学科的技术和方法知识(knowledge of subject-specific techniques and methods)
C3. 确定何时使用适当程序的准则知识(knowledge of criteria for determining when to use appropriate procedures)
D. 元认知知识——关于一般认知的知识以及自认知的意识和知识
D1. 策略性知识(strategic knowledge)
D2. 关于认知任务的知识,包括适当的情趣性知识和条件性知识(knowledge about cognitive tasks, including appropriate contextual knowledge)
D3. 关于自我的知识(self-knowledge)

5.1.4.3 选择课堂评价方法

针对不同的课堂评价目标,教师需要选择不同的课堂评价方法,有针对性地对学生进行评价。在课堂目标的"动词+名词"都明确的基础上,教师有清晰的评价方向,知道学生需要掌握的知识点以及知识点的掌握程度,那么教师接下来需要选择合适的评价方法。首先,借鉴布卢姆教育目标分类学修订版对 6 个认知过程维度的解释。如表 5-5 所示。

表 5-5 布卢姆教育目标分类学修订版对认知过程维度的阐述

过程类别		认知过程及例子
1	记忆/回忆(remember)	从长时记忆中提取相关的知识
1.1	识别(recognizing)	如:识别某个技术突破的日期

表 5-5(续)

过程类别		认知过程及例子
1.2	回忆(recalling)	如:回忆某个历史时刻的时间
2	理解(understand)	从口头、书面和图像等交流形式的教学信息中构建意义
2.1	解释(interpreting)	如:阐述重要演讲和文献的意义
2.2	举例(exemplifying)	如:举例说明电流过大造成的影响
2.3	分类(classifying)	如:观察到的或描述过的工程问题案例分析
2.4	总结(summarizing)	如:写出工程项目存在的问题及改进方向
2.5	推断(inferring)	如:从对工程问题的观察中推断可能导致问题出现的原因
2.6	比较(comparing)	如:将不同的设计方案进行比较,分析其优缺点
2.7	说明(explaining)	如:说明方案设计原因及原理
3	应用(apply)	在给定的情境中执行或使用程序
3.1	执行(executing)	如:利用分层总和法计算的地基沉降
3.2	实施(implementing)	如:在适当打桩的地基处理方式中进行打桩处理
4	分析(analyze)	将材料分解为它的组成部分,确定部分、部分与整体之间的相互关系
4.1	区别(differentiating)	如:区分总和法和规范法计算地基沉降
4.2	组织(organizing)	如:将环境、社会等因素组织起来设计方案
4.3	归因(attributing)	如:依据某种原理归纳出设计方案的意图
5	评价(evaluate)	基于准则和标准作出判断
5.1	检查(checking)	如:确定实验数据与根据原理计算的数据是否吻合
5.2	评论(critiquing)	如:判断解决某个问题的两种方法哪个更好
6	创造(creat)	将要素组织成内在一致的整体或功能性整体,将要素重新组织成新的模型或体系
6.1	产生(generating)	如:提出解释观察现象的假设
6.2	计划 (planning)	如:计划关于某种主题的研究报告
6.3	生成(producing)	如:有目的地建立满足某种要求的基地

《学习、教学和评估的分类学——布卢姆教育目标分类学修订版》由教育心理学家(R. E. Mylar, M. C. Wittrock, P. R. Pintrich)、课程与教学专家

(L.W.Anderson,K.A.Cruikshank,J.Raths)以及测评专家(D.R.Krathwohl,P.W.Airasian)组成的专家组与有经验的中小学教师合作多年完成。该修订版将布卢姆教学目标分为知识维度与认知过程维度,介绍了针对每种认知过程维度的评价方式。本书依据其内容并参照新工科的教学特点,将其进行了简要的整理与修改,如表5-6所示。

表5-6 与6个认知过程相对应的评价方式

认知过程	评价方式
记忆	判断正误,问答、观察、匹配、选择,问题,填空
理解	构建式题目,选择题,分类、类比、推理,重新设计,预测、检查故障
运用	针对熟悉或不熟悉的问题执行程序,程序和答案对评价而言都很重要
分析	构建式题目和选择题
评价	给学生提供自己或他人的作品、创造、过程,学生依据标准来判断
创造	构建式题目,要求学生生成多种方案、计划

教师进行课堂评价时可依据课堂评价目标选择评价方式,表5-6中涉及了较多的评价方式,下面介绍比较适合新工科的两种课堂评价方式。

(1) 纸笔测验

纸笔测验是借助外界的问题要求学生进行书面的回答。在学习中,纸笔测验运用得非常广泛,包括高考、中考、期末考、期中考、阶段性测试、课堂小测验等。纸笔测验能检测的内容范围广、维度多(不同的任务通过不同的题型进行检测),在教师教学评价过程中占有举足轻重的地位。但是本书研究的课堂评价采用的纸笔测验方式,其编制方式、问题呈现方式与中、高考等以选拔、甄别功能为主的评价方式存在较大的差别,是采用连续性学习量表为主的课堂评价纸笔测验方式。

新工科要求课堂评价范式的转变,由"关于学习的评价"转为"促进学习的评价",那么课堂评价应该如何体现评价是促进学生学习的呢?比如某学生在第一次测试时成绩为70分,第二次测试时为75分,但第二次测试比第一次多考5分并不能证明学生知识与技能提高了5个百分点,因为学生测试取得的分数存在"侥幸"的成分,也存在不同测试的难度差异以及不同教师批改的分数差异。

如何通过分数有效地反映学生学习的进步情况呢？美国学者罗伯特·马扎诺(Robert J. Marzano)提出真实分数的概念，以及代表测量主题进步的完整评分量表，如表 5-7 所示。

表 5-7 代表测量主题进步的完整评分量表

主题分数	量表描述的表达情况
4.0	除了 3.0 分要求的能力，能更深入地推理和应用超出教授的内容
3.5	除了 3.0 分要求的能力，能在一定程度上推理和应用超出教授的内容
3.0	在明确教授的(简单或复杂的)信息和/或程序中没有重大的错漏
2.5	在较简单的细节和程序中没有很大的错漏，掌握一些较复杂的观点和程序
2.0	在较简单的细节和程序中没有很大的错漏，但在较复杂的观点和程序上有很多错漏
1.5	掌握一定的简单细节和程序，但在较复杂的观点和程序上有很多错漏
1.0	借助帮助能够掌握一定的简单细节和程序，以及某些较为复杂的观点和程序
0.5	借助帮助能够掌握一定的简单细节和程序，但无法理解较为复杂的观念和程序
0.0	即使借助帮助也一窍不通

罗伯特·马扎诺同时提出，在应用代表测量主题进步的评分量表时，对教师在课堂上编制的测试有一定的要求。他将其分为三类题型，分别为第一类题项、第二类题项与第三类题项。第一类题项是对学生来说较为简单的、容易掌握的细节或程序；第二类题项是对学生来说难度较大、较为复杂的思想内容与程序；第三类题项指超越课堂教师所教内容的知识。教师凭借课堂评价测试对学生进行评分时，评分流程图如图 5-1 所示。

如上所述，教师需要设计三类题项并依据连续性评分量表对学生的表现进行评价，那么教师应该如何设计这三类题项、如何设计课堂评价呢？这里所说的题项，包括题目(item)以及任务(task)。“题目”一般指试卷上常出现的传统题型，如选择、填空、是非判断、简答等；“任务”指收集学生某一主题的学习状况信息的一种方法，包括表演任务、演示等。

第一类题目或任务：涉及基本细节与程序，学生做起来比较容易，通常以事实性知识以及较为简单的程序性知识为主。

第二类题目或任务：涉及更为复杂的思想内容与程序，通常以概念性知识与程序性知识为主。

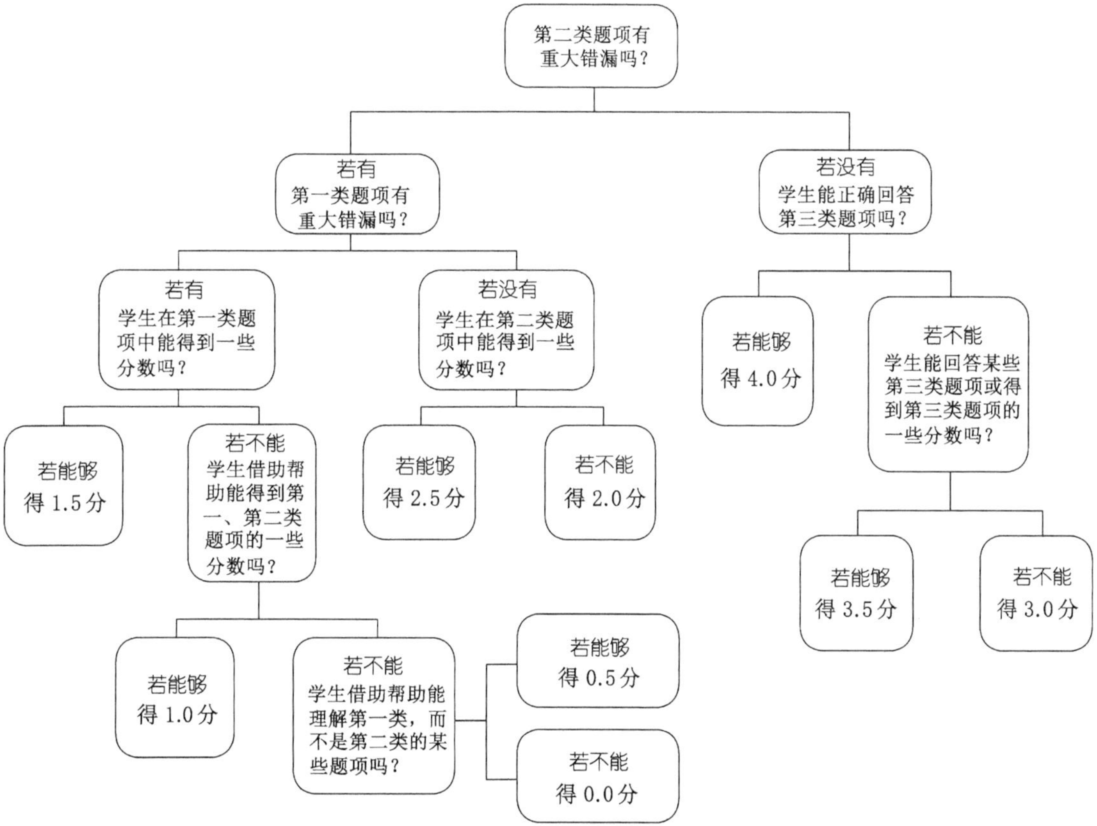

图 5-1　代表测量主题进步的评分量表评分流程图

第三类题目或任务：要求学生对课堂没有教过的知识进行推理或运用，通常以难度较高的程序性知识以及元认知知识为主。

在设计这三类题项时，教师只要提出三类题项的问题并进行回答即可。如第一类题项，教师回答：对于这个测量主题，如果学生上课专心听讲了，他们应该能理解哪些基本事实性知识和基本程序性知识，或能简单地操作哪些程序呢？第二类题项，教师回答：对于这个测量主题，如果学生上课专心听讲了，他们能理解或运用哪些概念性知识或程序性知识呢？第三类题项，教师回答：学生在学习本堂课之后，能推理和运用哪些内容，而哪些内容是课堂未涉及但学生可能会运用的呢？

连续性评分量表能很好地记录学生的学习成长情况，让学生看见"学习的进步""学习的收获"，可以很好地激发学生学习的内在动机。连续性评分量表的设计，可以很好地解决以前试卷题目内容杂乱而难以把握学生真实情况的问题，教师根据学生对每一类题项的回答情况可以很好地把握学生信息，从而制定更有针对性的教学方式，展开适合学生的教学。

（2）表现性评价

随着科学技术的更新换代，传统工程正在向智能化转型，面对愈加复杂的工程实际问题，纸笔测验所适合的书面外部评价已不能完全满足现今需求，而表现性评价正是对学生完成任务能力、批判性思维等高层次学业成就的评价，对评价新工科学生的工程能力有重要作用。

① 表现性评价的含义

何谓表现性评价，评价专家斯蒂金斯在1987年解释为"表现性评价是测量学习者运用先前所获得的知识来解决新问题的一种评价方式"。斯蒂金斯还指出，表现性评价经常被使用到接近真实生活或模拟的评价中来检测学习者最初的表现，评价者依据学习者的表现，通过构建反应题、论文、作文、演讲、操作、实验、资料收集及作品展示等方式进行评价。1997年，斯蒂金斯对表现性评价进行了更明确的界定，他认为"表现性评价是评价者对学习者技能展示过程的观察，或者是对学习者创造的作品的评价"。另一位评价专家威金斯(G.Wiggins)对表现性评价的界定为"表现性评价要求学生完成一项任务或制作一个作品，用以证明其知识与技能等掌握情况，也就是让学生在真实的情景中运用所学的知识与技能去解决问题"。虽然在表现性评价的演变发展进程中产生过许多不同的解释，但表现性评价的根本内容依然是一致的，从两位评价专家的界定中我们可以总结出表现性评价重视“真实”与“表现”。

表现性评价要求学生去解决什么、去完成什么，而不是简单地选择一个答案，并且强调学生解决或完成的任务是接近生活真实的。首先，表现性评价强调任务的真实性，以期学生能将习得的能力迁移到生活中，能综合、全面地考虑工程问题，既是学习任务，也是任务学习。其次，表现性评价强调学生的构建反应，要求学生自己去思考问题的解决方案，而不是在已存在的方案中选择其中一个，通过自己构建问题解决方案来证明习得知识的运用与结果。第三，表现性评价强调评价包括结果以及过程，学生最终呈现的成果以及学生解决问题所表现出来的思维方式、行动能力亦是教师考评的重点。综上所述，表现性评价主要评价学生复杂的学习结果，尤其适合高年级新工科学生在解决问题方面的能力。

② 表现性评价的类型

从斯蒂金斯的定义中可以看出来，表现性评价有很多方式，包括构建反应题、论文、作品展示等。这里简单介绍纸笔测验的讨论题与问题解决题、展示、表达、项目这四种类型。

纸笔测验并不是完全不适用于表现性评价，但与客观纸笔测验相比，表现性评价中的纸笔测验侧重讨论题与问题解决题。讨论题鼓励学生自由回答，用以检测学生分析问题、寻找论点、组织观点和用自己话表达观点的能力；问题解决型题目给学生一个具体的任务或情境，最适合检测学生在问题情境中应用习得的知识与技能解决问题以及知识迁移的能力。

展示的主题一般是确定好的，展示主要关注学生如何去组织、使用已学的知识和技能，不是对原理的解释，而是对原理如何组织、应用的评价。

表达主要以口头表述的形式进行，可将纸笔测验、展示、项目等评价手段结合使用，表达主要关注学生的口头表达能力，对工科学生而言，能够把自己的观点准确、清晰地表达出来是非常重要的。表达主要强调口头表述技能。

项目可以评价高层次的思维能力，主要检测学生综合运用知识与技能的能力。项目的完成形式可以是小组的，也可以是个人的。一个项目的完成需要经过设计、建造、实施、改进等过程，在这一过程中，可以培养学生综合运用能力，尤其是跨学科融合能力，对学生思维的严谨性、创造性以及解决问题能力、动手能力有很好的促进作用。

5.1.4.4　反馈课堂评价结果

在运用各种课堂评价方法收集评价信息后，就涉及教师对学生的反馈问题。课堂评价结果的反馈不仅仅是告诉学生成绩、分数或者等级，能否有效反馈评价结果，是评价能否促进学生学习的关键所在。

课堂评价的反馈需与评价目标相联系，因为反馈的目的就在于缩小实际水平与目标之间的差距，那么怎样的反馈才有助于学习者缩小实际水平与目标之间的差距呢？这里我们必须清楚，有效的评价反馈是针对特定的问题或情况提出改进意见，而不是一味地表扬或批评。有效促进学生学习的课堂评价反馈，要求教师更关注学生本身、问题本身，如教师平时在反馈过程中经常会说“你们组做的展示很精彩”等，这些表扬虽然能增强学生的自信心，但在持续性促进学生学习方面的效果并不理想。教师可以选择这样反馈学生的展示：“你们组的展示做得很精彩，而且在幻灯片制作方面有了很大的进步，但是在展示时语言和肢体语言显得较为紧张，有待进一步改进。”可以明显看出，后者的评价反馈信息更明确，让学生在改进自身学习时有明确的方向，并依据学生之前的表现指出进步的地方，减少对改进无用的评价性语言，关注反馈的信息本身，同时注意反馈的方式，将更有效地反馈信息传达给学生。

在进行课堂评价反馈时，教师可以依据以下原则更有效地对学生进行反馈。首先，课堂评价的反馈信息必须与目标相关，让学生自己要去哪里并知道哪里是非常重要的。只有知道目标和现状，才能知道自己与目标之间的差距并找准今后的努力方向。其次，反馈信息必须是具体明确的，高度概括或者模糊不清的反馈信息缺少指导性，教师反馈给学生信息时，应在总结中尽量提供细节，让学生知道教师做出这个反馈的依据，并且清晰、具体的反馈信息对学生而言更有说服力。最后也是最重要的，反馈要及时，给予反馈的时间是影响反馈有效性的一个重要因素。在课堂教学中，反馈往往发生在学生完成任务的过程中，教师在教学时发现问题应即刻反馈，如果隔了较长的时间，反馈的效果就会大打折扣。

5.2 基于学习结果提升新工科课堂评价策略研究

新工科的课堂教学情况是复杂的，具有涉及知识面广、实践操作要求高、综合性强等特点，改善新工科课堂教学评价非一朝一夕之功。课堂评价质量的提升需要教师不断实践、学生积极配合，尤其强调各方面的努力。提升新工科课堂评价策略研究聚焦于对课堂教学的评价以及在现实情境中发生的真实任务的评价。课堂教学包括但不限于课堂或具体教室，还包括与课堂教学息息相关的课前预习、课后作业等，虽然评价未发生在教室内，但教师可通过线上测评、作业批改等形式给予学生反馈。因此，下面分别介绍课堂教学的评价策略和现实情境的评价策略。

5.2.1 课堂教学

正式开展课堂教学之前，应立足于学生的学习产出，教师需对学生的学习结果有明确的期待。在进行课堂评价时，必须秉承这样的理念：为了学生毕业后能满足社会的需求，课堂评价要注重学生对知识或技能的发现、体验、探索历程，促进学生主动学习；同时，要注重学生对知识或技能掌握程度的更准确的判断，给予学生更精准的反馈，学生可据此进行更有针对性的努力。

5.2.1.1 课前预习，以诊断性评价为主

《学习、教学和评估的分类学——布卢姆教育目标分类学修订版》指出，教学的合理性与教师为学生选择什么教学目标有关，教师课堂评价的有效性与教学目标和教学评价目标的一致性有关。例如，对于学生课前预习的评价，可以用表格的形式呈现。

对于课前预习目标的设定是否有效的最有用测试是思考"当学生阅读目标后能否达成表现目标的行为""为了证明学生学到了教师期待的内容或知识，学生能做到什么"。因此，首先在设定课前预习目标时，教师要对学生的学习结果有非常明确的期待，才能掌握更适合的评价方法。如表 5-8 所示。

表 5-8 基于布卢姆教育目标分类学修订版的两维度聚焦评分方法

知识维度	认知过程维度					
	记忆	理解	运用	分析	评价	创造
事实性知识	目标 1					
概念性知识		目标 2				
程序性知识						
元认知知识						

一般情况下，教师布置的课前预习内容难度不会太大，主要集中于事实性知识和概念性知识，让学生对接下来要进行的课堂教学内容有大致的理解，因此课前预习的主要评价内容为“记忆＋事实性知识”和“理解＋概念性知识”，不太涉及运用、分析等更深的层面。那么教师该如何设计对课前预习的评价呢？

传统课堂教学对课前预习的评价是比较薄弱的，大多以教师口头布置预习作业如“预习×章×单元内容”的形式呈现，而对学生预习结果的评价缺乏数据支持，即使有课前预习的习题需要学生解答，也无法在短时间进行全部的批改和反馈。在教育技术飞速发展的今天，我们提倡用在线测评的方式去检测学生的预习结果。在线测评有两点明显的优势：其一，在线测评可强制性要求学生答题；其二，答题结果可在教师进行课堂教学前呈现，给予教师充分的时间对学生进行准确的诊断性评价。我们建议试题以不间断的穿插和强制的、有时间限制的形式出现，如学生在观看视频或幻灯片等材料时，在看完某一知识点后跳出习题，给予一定的时间答题，若未答题，则无法继续学习。那么，教师该如何合理设置题目呢？

各类习题均有明显的优势和不足，在进行预习的诊断性评价时，建议以选择题或是非题为主，因为选择题和是非题对事实性知识掌握情况的检测力较强，且评分客观、准确度高，有公正、高效、准确等明显的优势。对于编制是非题和选择题有以下几个原则：

① 每个题目表达一个单一的观点；

② 避免使用否定句；

③ 题目的表达要尽可能简洁明了；

④ 要让每个选项对学生而言都貌似可信。

5.2.1.2 课堂理论教学，以代表测量主题进步的评价为主

在对评价与学生学业成就关系的研究中发现，经常性地进行系统性的评价对于学生学业会起到很有效的正面作用。那么教师应该怎样运用评价的方式测量和促进学生在学习上的进步呢？

通常认为，经常性的评价就是追踪学生在测量主题方面的进步情况，从而不断地检测学生的学习结果。如某个学生可能在第一测评和第二次测评中分别得到 54 分和 62 分，这仅仅反映学生第一次得了 54 分而第二次得了 62 分，并不能说明学生的理解力或能力提升了 8 个百分点，因为影响学生得分的因素太多，如习题的难易程度、教师的批改情况等。那么如何评价学生平时是否取得进步了呢？可参考罗伯特·马扎诺提出的代表测量主题进步的评分量表。

代表测量主题进步的评分量表（见表 5-9）依据学生对测量主题的内在理解力和技能的逻辑，将题项分为三类：第一类题项为对学生而言较简单的内容，第二类题项为对学生而言难度较大的具有复杂性思维的内容，第三类题项超越教师所教授的内容。评分量表由三类题项构成，教师只需要记住每道题所属的题项即可轻松地完成对学生的课堂评价。如第 1 题到第 4 题属于第一类题项，第 5 题和第 6 题属于第二类题项，第 7 题属于第三类题项，若学生能回答出第 5～第 6 题却无法回答第 7 题，则可获得 3.0 分或 3.5 分。该量表适用于大班教学的课堂评价，因为其所测得的分数呈正态分布，教师只需重点对无法回答第一类题项的学生进行辅导，其他学生已基本掌握教学的重点和难点内容。

表 5-9　代表测量主题进步的简化版评分量表

主题分数	量表描述的情况
4.0	除了 3.0 分要求的能力，能更深入地推理和应用超出教授的内容
3.0	在明确教授的（简单或复杂的）信息和/或程序中没有重大错漏
2.0	在较简单的细节和程序中没有很大错漏，但在较复杂的观点和程序上有很多错漏
1.0	借助帮助能够掌握一定的简单细节和程序，以及某些较为复杂的观点和程序
0.0	即使借助帮助也一窍不通

代表测量主题进步的评分量表依据题项的内在理论逻辑来评分，将学

生回答模式转换为量表分数。教师在设计课堂评价时，需要明确在打分期间将涉及多少个测量主题、每个测量主题应该进行多少次评价、什么时候评价等问题。教师在设计代表测量主题进步的评价时，大都将第一类题项前置于课前的测评阶段，在课堂理论教学时可稍做简化，着重对第二类题项的考评，对第三类题项的考评可置于课堂之内，也可置于课后作业或以下次课堂展示的形式进行考评。

5.2.1.3 课堂展示，以表现性评价为主

课堂展示不像项目一样历史长久，课堂展示的任务一般都比较好界定，并且学生和评价者都对任务的表现有正确的大方向。课堂展示需要学生结合所学知识和技能呈现一个任务的解决方案，当学生进行展示时，他所运用的知识、技能、技巧、风格等都将在评价的范围之内。课堂展示的内容一般为教师设计的第三类题项，也就是对学生而言难度会超越教师所讲授的课程知识、需要学生自主学习并自主生成的复杂性、创造性更高的第三类题项，因此对于课堂展示的评价更适用于表现性评价。

如图 5-2 所示，课堂展示的要素分别有课堂展示评价目标、课堂展示任务呈现、课堂展示的评价细则。对教师而言，首先要设计合适的课堂展示任务。课堂展示任务一般为非结构化任务，教师设计任务时要有指向明确的大方向，有切实可行的操作方案，要满足表达清晰等要求。其次，课堂展示的目标是清晰明确的。教师要具体表明相关期望，确保学生有机会展示出所期望具备的能力水平。第三，课堂展示的评分细则是具体详细的。课堂展示的评分细则是教师或学生对课堂展示内容熟悉度或期望值的最明显的体现，教师可提前下发对课堂展示评价的评分细则，包括考查学生对知识迁移的能力，即学生能否从复杂的展示任务中找到教师期望评价的知识或能力；同时还必须包括考查的具体内容和具体能力，如电气工程专业对“如何改变电梯的转向”任务的评价，内容包括电动机正反转、PLC 设计电路等知识以及接线、安装等技能，教师需详细列表说明，最好能在课堂展示开始前下发给学生，让学生之间进行互评，也让未参与展示的学生明白如何解决问题。

对于课堂展示任务进行设计和评价时，需要注意以下几个方面：

① 展示任务与评价目标的明确性；

② 评价目标与评分细则的一致性；

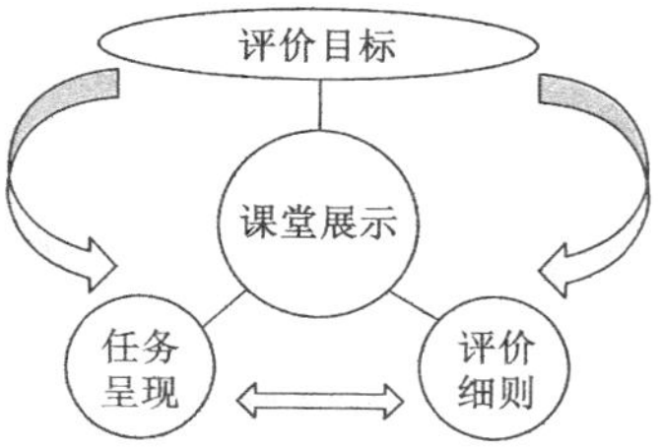

图 5-2 课堂展示各要素关系表

③ 展示任务与评分细则的对应性。

5.2.2 现实情境

中国工程教育专业认证协会在《工程教育认证工作指南》中对工程教育学生的解决复杂工程问题能力进行了明确的定义和要求。在处理工程实际问题中，复杂性与综合性是工程教育毕业生必须面对的问题。工程的本质决定了工程教育的基本原则和方向，而工程教育的复杂性决定了对现实情境中学生的评价不能只是简单的书面知识的评价，并不是能考高分的学生就能解决实际问题，所以针对职业工作过程不仅需要考评学生的知识、技能，更需考评学生的态度和综合实力等。表现性评价更适合于对学生在现实情境问题解决中展示的“硬实力”和“软实力”进行综合考评，代表“硬实力”的专业素养和代表“软实力”的非专业素养（如责任心、道德感、心理素质、身体条件、沟通协调等能力）一起决定了职业工作的完成质量和完成速度。

5.2.2.1 表现性评价任务设计

表现性评价任务是表现性评价的核心要素之一，它是根据学习目标设计的特定的任务作业。表现性评价任务设计得是否合理、恰当是评价学生的关键。表现性评价相较于纸笔测验或课堂展示而言有其明显的优点。其一，表现性评价可对学生的综合素质和能力进行测评和评分，通过观察学生完成任务的过程和结果对其综合能力进行考评。其二，纸笔测验对于专业知识的测评主要停留于书本层面，学生虽然能解答习题、运用定理，但学生是否能利用所学的知识对实际问题进行解答是需要表现性评价进行测量的。高质量的表现性评价任务的设计并非易事。其一,表现性评价的内容主要是对高阶层的、抽象的内容和思维的评价,如评价创造或元认知等更高维度的认知和知识,这决定了表现性评价任务的开发没有固定的模式或套路,它需要根据特定的情境、特定的要求去设计和开发。其二,影响表现性评价任务质量的因素有很多,如时间、天气、环境等,要设计高质量的表现性评价任务,需综合考虑各种因素,这对教师的专业能力和综合能力有着很高的要求。那么如何设计更合适、更高质量的表现性评价任务来进行表现性评价呢?

首先,表现性评价任务的设计必须与学习目标和评价目标相匹配。表现性评价强调真实情境中知识和技能的运用,因此对于表现性评价的设计必须是核心的、综合的、具有情境的,所涉及的任务必须与学习目标紧密相连,能让学生展现目标中界定的要求。

其次,表现性评价任务的设计既要考查学生的学习过程,也要考查学生的学习结果。表现性评价容易让人误解为对学生学习过程的考评,而非学习结果的考评,其实表现性评价是注重过程和结果的评价。因此,在设计表现性评价任务时,需要考虑是否能够在学生完成任务的过程中考评其学习过程以及学生能否完成任务,并能对结果作出具体的评价。

最后,表现性评价任务应尽量真实、有意义。首先,表现性评价任务要尽量真实,能够让学生真正去接触、触摸的具象的任务,因此表现性任务应来源于现实情境中。其次,表现性评价任务对学生而言有意义,它既要新颖,又不能让学生感到完全陌生,既要有挑战性,又不能超出学生的能力范围,是学生"跳一跳"能够得着的任务。因此,表现性评价任务的设计最终还是指向学生的。

5.2.2.2 表现性评价任务评分量表设计

对于表现性评价任务的评分量表设计,可以从专业能力和综合职业能力两个方面考虑,包括对知识的掌握与应用、实践操作水平、工具使用是否恰当以及在完成任务过程中展现的学习态度和工作方法等,如表 5-10 所示。

表5-10 表现性评价任务评分量表设计

评价能力	评价内容	评价要素	分值	得分	备注
专业能力	专业技能	工作计划详细、可行	15		
		工具使用正确、熟练			
		操作方法恰当			
		操作流程熟练、完整			
	专业知识	能运行准确的知识迁移	25		
		能运用理论知识			
		能自主学习、提升理论素养以指导实践			
综合职业能力	任务完成质量	任务完成达到质量要求，包括安全、准确度、环保等要求	20		
	工作态度	主观能动性强	10		
		注意团队合作			
		能独立判断			
	工作方法	系统制订工作计划	10		
		执行能力强			
		能对任务完成进度进行评价			
	社会责任	社会责任感强	10		
	终身学习	拥有终身学习的态度和能力	10		

表现性评价任务是复杂多维度的，工程教育的实践性本质决定了高等工程教育中表现性评价任务是比较普遍的。对于表现性评价任务的评价没有固定的模式和公式可以套用，许多教师主要采用主观观察结合学生完成任务的质量给学生一个综合的总结性的评价结果，虽然教师依据经验及观察给出的总结性评价的分数或等级并不会与参照评分量表的最终结果有很明显的差异，但对学生而言，只告诉他们得了合格或中等、优等的成绩是远远不够的，因为总结性评价无法让学生知道自己的失误来自哪里。因此，建议教师针对不同的表现性评价任务有针对性地制定表现性评价任务评分量表。通过表现性任务评价量表的反馈，学生便可清晰地明白自己的长处和不足，能够在不足之处持续改进。

表现性评价任务评分量表不仅能让被评价学生知道自己的优势和不

足，也能让参与评价的学生明白，在完成本次表现性评价任务过程中需注意什么、什么是本次任务的重点以及在与评分标准对比的过程中了解自己的不足。

表现性评价任务评分量表的设计主要有两项要求：其一，评分量表需详细、重点突出，不能泛泛而谈。如对专业知识中知识迁移进行评价，教师必须将迁移的重点知识详细列出，学生可明显地看到在知识迁移过程中，自己有什么是没有想到的，而非面对空泛的评分量表不知所措。其二，评分量表需切实可行。评分量表中出现的指标不能是过分超越学生能力或者是过分低于学生能力要求的，教师应在仔细考量学生的学习产出后再对量表进行细化设计。

参考文献

[1] 顾佩华.新工科建设发展与深化的思考[J].中国大学教学,2019(9):10-14.

[2] 郭梅.面向创新型国家建设的我国大学本科生培养质量问题研究[D].沈阳:东北大学,2012.

[3] 韩萌.高校本科教育内部质量保障体系及运行机制研究[D].哈尔滨:东北农业大学,2017.

[4] 罗瑶嘉.地方高水平大学理工类本科应用型人才培养研究[D].大庆:东北石油大学,2019.

[5] 马睿.新工科背景下行业特色型大学工程人才培养模式研究[D].大庆:东北石油大学,2019.

[6] 聂立新,赵明利.高校工科专业实践教学问题的分析与研究[J].中国现代教育装备,2010(3):153-155.

[7] 王猛."新工科"背景下地方高水平大学专业建设研究[D].大庆:东北石油大学,2019.

[8] 王新荣,张霞,王冬,等.高等工科教学存在的问题及策略研究[J].中国电力教育,2014(35):38-39.

[9] 徐丹丽.工科类在线课程设计中教学质量保障策略探讨[J].科教导刊,2018(2):118-119.

[10] 杨青青.基于学习结果的新工科课堂评价研究[D].杭州:浙江工业大学,2018.

[11] 于津婉.面向新业态工科专业改造升级路径研究[D].哈尔滨:哈尔滨理工大学,2019.

[12] 袁小亚.工科院校专业提升策略的探讨[J].教育教学论坛,2012(44):151-152.

[13] 张大良.新工科建设的六个问题导向[N].光明日报,2017-04-18(13).
[14] 张志军.中外一流大学内部质量保障体系比较研究[D].沈阳:中国医科大学,2019.